Ganz einfach Kochen

Grillparty

MOEWIG

Moewig ist ein Imprint der edel entertainment GmbH · © edel entertainment GmbH, Hamburg
www.moewig.de | www.edel.de

Covergestaltung: Antje Warnecke, nordendesign/Alexander Mertsch

Alle Rechte vorbehalten · Printed in Germany · ISBN 978-3-86803-321-2

INHALTSVERZEICHNIS

Tipps rund ums Grillen

Was wäre der Sommer ohne Grillparty? Damit alle Zutaten lecker und gesund vom Rost kommen, hier die wichtigsten Tipps.

Geräte und Zubehör

Grundvoraussetzung für perfekten Grillspaß ist das richtige Zubehör: Zange, Handschuhe, Schürze, Grillkörbe, Pinsel, Anzündhilfen und nicht zuletzt der richtige Grill sind unverzichtbar.

Die Auswahl an Grillgeräten ist groß und reicht vom einfachen Holzkohlegrill bis zur edlen Hightech-Grillstation. Achten Sie vor allem auf Standfestigkeit, höhenverstellbare Roste und einen Spritzschutz.

Gasgrills haben den großen Vorteil, dass sie nicht vorgeheizt werden müssen und sich mit einem Temperaturregler leicht einstellen lassen. Außerdem sind sie bequem und schnell zu reinigen. Keramische Briketts oder Lavasteine ersetzen beim Gasgrill optisch die Kohle und erhitzen sich auch ähnlich. Da sie sehr porös sind, können sie sehr viel herabtropfendes Fett aufnehmen. So entstehen kaum gesundheitsgefährdende Stoffe.

Bei **elektrischen Grillgeräten** sind die Gesundheitsrisiken am geringsten, da das Fett an den Heizschlangen vorbei in eine mit Wasser gefüllte Auffangschale tropft. Sie müssen nicht lange aufgeheizt werden, sind leicht zerlegbar und somit einfach zu reinigen.

Trotz dieser Vorteile von Gas- und Elektrogrill bevorzugen die meisten Grillfreunde den traditionellen **Holzkohlegrill** – das Grillen über offenem Feuer übt einfach eine besondere Faszination aus. Gesundheitlich unbedenklich ist diese Art des Grillens, wenn vermieden wird, dass Fett auf die Glut tropft und sich dadurch krebserregende Stoffe bilden. Daher sollte man grundsätzlich nur in Grillschalen oder Alufolie grillen. Es gibt auch Holzkohlegrills, bei denen die Holzkohle seitlich vom Grillgut platziert wird.

Die richtige Hitze ist das A und O

Ganz gleich, ob Sie mit Gas, Strom oder auf Holzkohle grillen, das Geheimnis einer guten Grillade liegt in der richtigen Hitze.
Die meisten Gas- oder Elektrogrillgeräte haben einen Temperaturregler, mit dem sich die Hitze optimal regulieren lässt. Damit Fleisch saftig bleibt, müssen sich die Poren an der Oberfläche schnell schließen (Krustenbildung). Das geschieht bei einer Temperatur von 175–200 °C am besten.

Beim Holzkohlegrill bedeutet dies, dass die Glut ca. 600 °C erreicht haben muss. Das ist dann der Fall, wenn sie sich mit einer weißen Ascheschicht überzieht. Normale Grillkohle (auf die DIN-Norm achten!) braucht dafür etwa 30–40 Minuten, Briketts etwas länger. Letzere halten die Hitze besser. Ist die Temperatur zu niedrig, bildet sich keine Kruste. Der Saft fließt aus und das Grillgut trocknet aus.

Um die richtige Hitze zu testen, halten Sie Ihre Hand vorsichtig etwa 15 cm über den Rost. Wenn Sie sie dort 2 Sekunden halten können, ist die Temperatur hoch, 3 Sekunden bedeutet mittelhohe, 4 Sekunden mittlere und 5 Sekunden schwache Hitze. Die Temperatur lässt sich einfach durch den Abstand vom Grillrost zur Glut regulieren. Grillgut von etwa 2,5 cm Dicke wird etwa 5 cm von der Glut entfernt gegart. Bei 5 cm Dicke sollte der Abstand etwa 8 cm betragen. Achten Sie darauf, dass alle Fleischstücke, die gleichzeitig auf dem Rost liegen, auch gleich dick sind.
Beim Grillen ist stets eine Garprobe angebracht. Für flaches Grillgut bietet sich die Druckprobe an: Je länger das Fleisch gegart wird, desto fester ist es. Fühlt es sich weich an, ist es innen noch roh. Gibt das Fleisch auf Druck federnd nach, ist es rosa oder halb durchgebraten. Durchgegart fühlt es sich fest an.

Der Garpunkt lässt sich auch an der Farbe des Fleischsaftes erkennen. Stechen Sie vorsichtig mit einer dünnen Nadel in das Fleisch. Ist der austretende Saft noch rot, ist auch das Fleisch noch blutig. Ist der Fleischsaft dagegen hellrot, ist das Fleisch halbgar oder rosig. Ist er klar, ist das Fleisch durchgegart.
Wichtig: Bei Grillgut mit Knochen wie Kotelett oder Hähnchenkeulen die Garprobe immer direkt am Knochen machen.

Zum Wenden des Grillgutes sollten Sie stets eine Zange oder einen Spatel benutzen, nie eine Gabel. Denn stechen Sie mit den Zinken ins Fleisch, tritt der Saft aus und das Fleisch wird trocken und zäh. Fleisch, das nach dem Grillen in Portionen geschnitten werden soll, zunächst etwa 10 Minuten ruhen lassen, damit sich der Fleischsaft sammelt. So bleiben Kotelett, Steak & Co. schön zart und saftig.

Grillzeiten

Lebensmittel	**Minuten ca.**
Fischsteaks je nach Dicke	15–20
Shrimps je nach Größe	6–12
Hühnerbrust o. Knochen	10–15
Putenbrust	20
Hähnchenschenkel	20
Chicken Wings	12
Schweinerippchen	50–70
Koteletts	8–12
Steaks v. Rind	10–20
ganze Pilze	5–10
Zucchini i. Scheiben	10
Paprikastücke	10

Tipps und Tricks

Damit Sie Ihren Holzkohlegrill nach der Party einfacher reinigen können, legen Sie die Kohleschale zuvor mit Alufolie aus. Die glänzende Seite nach oben legen, damit die Hitze gut reflektiert wird.
Faustregel: Etwa 1 Stunde vor dem Grillen den Holzkohlegrill anzünden. Gießen Sie niemals Brennspiritus, Benzin o.ä. ins Feuer, denn das ist lebensgefährlich.

Gesalzen wird Grillgut, wenn überhaupt notwendig, immer erst nach dem Grillen. Salz gehört niemals in die Marinade oder Beize, da das Fleisch sonst trocken und zäh wird. Beträufeln Sie das Grillgut während der gesamten Grillzeit mit Marinade, dann erhält es ein köstliches Aroma. Dies gilt für Marinaden mit Öl, Zitrone und Essig. Wenn Sie Marinaden mit Zucker und Honig wie z.B. Barbecue-Sauce einsetzen, sollten Sie das Grillgut damit nur in den letzten Minuten bestreichen, sonst wird es schnell zu dunkel.

Grillen Sie niemals gepökeltes oder geräuchertes Fleisch bei starker offener Hitze. Es können sich gesundheitsgefährdende Stoffe bilden.

Wenn Sie in Päckchen aus Aluminiumfolie grillen: Vorsicht beim Öffnen eines solchen Päckchens: Der entweichende Dampf ist sehr heiß, und Sie können sich leicht verbrennen.

Ist das Grillen beendet, niemals die Glut mit Wasser löschen. Dabei entstehen gefährlich heiße Spritzer. Besser die Glut mit Sand bedecken oder ganz einfach ausglühen lassen.

Kleine Mengenlehre für Essen und Trinken

Ob Sie zur Grillparty oder unter einem anderen Motto einladen – in diesem Buch finden Sie von Fingerfood über Grillrezepte bis zu Desserts die passenden Rezepte. Die folgenden Angaben sollen Ihnen bei der Kalkulation der Mengen helfen.

Durchschnittswerte pro Person:
- 500 ml Suppe als Hauptgericht
- 250 ml Suppe zum Büfett
- 150–250 g Fleisch oder Fisch
- 1–2 Fleisch- oder Fischsteaks und 1–2 Würstchen zum Grillen
- 2–3 kleine Partybrötchen
- 1 1/2 EL Butteraufstrich
- 50–100 g Käse
- 50–100 g Obst

Wird mehr als ein **Salat** serviert, reicht ein Salat-Grundrezept (4 Personen) für 6 Personen. Das gleiche gilt für **Dessertrezepte**.

Bei **Fingerfood** serviert man zum Empfang 2 Sorten mit 3–5 Stück pro Person, als Beiwerk auf dem Büfett 2–3 Sorten mit 10–12 Stück pro Person.

Bei **Getränken** kalkulieren Sie am besten 2 1/2 Liter pro Person. Denken Sie auch an die Autofahrer und bieten Sie attraktive alkoholfreie Drinks an, z.B. Fruchtcocktails, Limonaden und alkoholfreies Bier.

Saftiges Fleisch und Geflügel vom Grill

Griechisches Hähnchen mit Gemüse

ZUTATEN FÜR 4 PERSONEN

4 Hähnchenbrustfilets
(à ca. 150 g)
200 g grüne Tk-Bohnen
2 Knoblauchzehen
1 mittelgroße Zwiebel
200 g Tomaten in Stücken (FP)
getr. Oregano
Salz
Pfeffer
200 g Fetakäse
Oreganoblättchen zum Garnieren
Alufolie

Zubereitungszeit ca. 25 Min.
Pro Portion ca. 288 kcal / 1208 kJ
E 45 g, F 11 g, KH 3 g

1 Die Hähnchenbrustfilets waschen, abtrocknen, in Streifen schneiden und in eine Schüssel geben. Die Bohnen mit heißem Wasser überbrühen, abtropfen lassen und zum Fleisch geben. Die Knoblauchzehen und die Zwiebel schälen, fein hacken und zusammen mit den Tomatenstücken hinzugeben. Mit Oregano, Salz und Pfeffer würzen.

2 Die Hähnchen-Gemüse-Mischung auf 4 große Stücke Alufolie verteilen, dabei die glänzende Seite der Alufolie nach innen legen. Die Pakete fest verschließen und darauf achten, dass noch Platz für die Dampfentwicklung bleibt.

3 Die Fleisch-Gemüse-Päckchen auf den heißen Grill legen und etwa 10–15 Minuten garen. Inzwischen den Fetakäse in gleichmäßig kleine Würfel schneiden. Folie jeweils vorsichtig öffnen, den Inhalt auf einem Teller anrichten, mit den Käsewürfeln bestreuen und mit Oreganoblättchen garniert servieren.

Hähnchen süß-sauer

1 Die Paprikaschoten putzen, waschen, halbieren, entkernen und in schmale Streifen schneiden. Die Zwiebel schälen und achteln. Die Ananasstücke in einem Sieb abtropfen lassen.

2 Die Sojasauce und den Essig mit der Speisestärke glatt verrühren, bis sie sich aufgelöst hat. Dann die Orangenmarmelade unterrühren. Marinade mit Salz und Pfeffer würzen.

3 Die Hähnchenbrustfilets waschen, abtrocknen und jeweils auf ein Stück Alufolie legen, das Gemüse und das Obst darauf verteilen. Knapp die Hälfte der angerührten Marmelade darauf verteilen. Die Pakete seitlich fest verschließen und die restliche angerührte Marmelade über das Fleisch geben. Die Pakete fest verschließen, dabei genügend Platz für die Dampfentwicklung lassen. Auf den heißen Grill legen und etwa 15 Minuten garen. Aus der Folie nehmen und servieren.

ZUTATEN FÜR 4 PERSONEN

1 grüne Paprikaschote
1 rote Paprikaschote
1 mittelgroße Zwiebel
1 kleine Dose (425 ml) Ananasstücke, 4 TL Sojasauce
2 EL Essig, 4 TL Speisestärke
200 g Orangenmarmelade
Salz, Pfeffer
4 Hähnchenbrustfilets (à ca. 150 g)
Alufolie

Zubereitungszeit ca. 25 Min.
Pro Portion ca. 343 kcal / 1439 kJ
E 37 g, F 2 g, KH 43 g

Gewürzte Schweinekoteletts

1 Für die Marinade den Zitronensaft, den Senf und das Öl kräftig verschlagen. Die Schweinekoteletts waschen, abtrocknen, in einen Gefrierbeutel geben und diesen in einen Suppenteller stellen. Die Marinade über das Fleisch gießen.

2 Die Petersilie, den Rosmarin und den Thymian waschen, trockenschütteln und die Petersilie fein hacken. Thymianblättchen und Rosmarinnadeln von den Stängeln streifen und zusammen mit der gehackten Petersilie zu dem Fleisch geben. Den Gefrierbeutel schließen und schütteln, damit sich alles gut vermischt. Das Fleisch sollte rundherum mit Öl und Kräutern bedeckt sein. Das Fleisch etwa 1–2 Stunden im Kühlschrank ziehen lassen.

3 Zum Grillen das Fleisch aus der Marinade nehmen und die Kräuter etwas abstreifen. Die Koteletts auf den heißen Grill legen und von jeder Seite etwa 3–4 Minuten grillen. Mit Salz und frisch gemahlenem Pfeffer würzen.

ZUTATEN FÜR 4 PERSONEN

2 EL Zitronensaft
2 TL Dijonsenf
1 EL Öl
4 Schweinekoteletts (à ca. 150 g)
1/2 Bund Petersilie
1 Zweig Rosmarin
1 Zweig Thymian
Salz
schwarzer Pfeffer aus der Mühle
1 Gefrierbeutel

Zubereitungszeit ca. 15 Min.
(plus ca. 1–2 Std. Wartezeit)
Pro Portion ca. 207 kcal / 867 kJ
E 39 g, F 3 g, KH 4 g

Drumsticks mit Honigwürze

ZUTATEN FÜR 4 PERSONEN

2–3 EL Honig
2–3 EL Sojasauce
2–3 EL Chilisauce
1 EL Senf
1 Stück Ingwerwurzel (ca. 20 g)
Sambal Oelek
8 Drumsticks (Hähnchenunterkeulen)

Zubereitungszeit ca. 30 Min.
(plus ca. 1 Std. Wartezeit)
Pro Portion ca. 278 kcal / 1166 kJ
E 28 g, F 17 g, KH 4 g

1 Den Honig in einem Topf im Wasserbad leicht erwärmen, bis er sich auflöst. Die Sojasauce, die Chilisauce und den Senf unterrühren. Den Ingwer schälen und etwa 1 Teelöffel in die Saucenmischung reiben. Je nach Schärfewunsch Sambal Oelek zufügen.

2 Die Drumsticks waschen und abtrocknen. Die Keulen mit der Marinade bestreichen und etwa 1 Stunde abgedeckt im Kühlschrank durchziehen lassen. Die restliche Marinade beiseite stellen.

3 Die Drumsticks aus der Marinade nehmen, auf den heißen Grill legen und etwa 20 Minuten garen. Während des Grillens die Drumsticks gelegentlich wenden und mit der restlichen Marinade bestreichen.

Marinierte Rumpsteaks

1 Die Butter verrühren. Die Petersilie waschen, trockenschütteln und fein hacken. Die Zitrone heiß abwaschen und halbieren. Die eine Hälfte in feine Scheiben schneiden, die andere Hälfte auspressen. 1 Knoblauchzehe schälen und fein hacken. Die Petersilie und den Knoblauch mit 2 Esslöffeln Zitronensaft zur Butter geben und unterrühren. Die Butter auf Pergamentpapier geben und zu einer Rolle formen. Etwa 30 Minuten im Gefrierfach fest werden lassen.

2 Für die Marinade den Pfeffer mahlen und mit dem Koriander und dem Zucker vermischen. Die restliche Knoblauchzehe schälen, fein hacken und gleichmäßig unter die Gewürzmischung ziehen.

3 Die Steaks waschen, abtrocknen und von beiden Seiten mit der Marinade einstreichen. Bei sehr hoher Hitze auf dem Grill etwa 2 Minuten auf jeder Seite anbraten. Bei niedriger Hitze gar grillen – je nachdem wie „durch" das Fleisch sein soll, weitere 1–3 Minuten pro Seite. Mit Salz würzen. Die Steaks mit den Zitronenscheiben und der Zitronenbutter servieren.

ZUTATEN FÜR 4 PERSONEN

60 g zimmerwarme Butter
1/2 Bund Petersilie
1 unbehandelte Zitrone
2 Knoblauchzehen
2 EL schwarze Pfefferkörner
1 EL weiße Pfefferkörner
1 EL gemahlener Koriander
3 EL Zucker
4 Rumpsteaks (à ca. 200 g)
Salz
Pergamentpapier

Zubereitungszeit ca. 20 Min.
(plus ca. 30 Min. Wartezeit)
Pro Portion ca. 528 kcal / 2216 kJ
E 75 g, F 24 g, KH 3 g

Indonesische Schweinespieße

ZUTATEN FÜR 4 PERSONEN

3–4 EL Essig
3–4 EL Senf
2 EL Orangenmarmelade
1 Stück Ingwerwurzel (ca. 20 g)
1 kleine frische Ananas
1 große rote Peperoni
1 kg Schweinefleisch
12 Holzspießchen

Zubereitungszeit ca. 30 Min.
Pro Portion ca. 413 kcal / 1733 kJ
E 51 g, F 22 g, KH 2 g

1 Den Essig, den Senf und die Orangenmarmelade in einem Mixer oder mit den Quirlen des Handrührgerätes gut vermischen. Die Ingwerwurzel schälen, in die Marinade reiben und unterrühren.

2 Die Ananas vierteln, den Strunk entfernen und die Viertel schälen. Das Fruchtfleisch in etwa 3 cm große Würfel schneiden. Die Peperoni putzen, waschen, halbieren, entkernen und in Stücke schneiden. Das Fleisch waschen, abtrocknen und in 3 cm große Würfel schneiden.

3 Die Fleischstücke im Wechsel mit den Ananaswürfeln und den Peperonistücken mit 1 cm Abstand auf die Spieße stecken. Die Spieße mit der Marinade bestreichen, auf den heißen Grill legen und etwa 12 Minuten grillen. Nach der Hälfte der Zeit die Spieße wenden und wieder mit der Marinade bestreichen.

Marokkanische Lammkoteletts

1 Für die Marinade den Joghurt mit dem Orangensaft verrühren. Die Frühlingszwiebeln putzen, waschen und in etwa 1cm lange Stücke schneiden. Die Knoblauchzehen schälen und fein hacken. Den Ingwer schälen und reiben. Alles zusammen mit dem Koriander, Salz, Kardamom und dem Zimt zum Joghurt geben und verrühren.

2 Die Lammkoteletts waschen, abtrocknen, in eine flache Schale geben und mit der Marinade bedecken. Die Schale abgedeckt über Nacht im Kühlschrank ziehen lassen. Zwischendurch wenden.

3 Die Koteletts aus der Marinade nehmen, abtropfen lassen und dabei die Marinade auffangen. Das Fleisch auf den heißen Grill legen und etwa 15 Minuten grillen. Zwischendurch wenden und immer wieder mit der Marinade bestreichen. Jeweils 3 Koteletts auf einem Teller anrichten. Dazu passen gegrillte Tomaten.

ZUTATEN FÜR 4 PERSONEN

150 g Vollmilch-Joghurt
3 EL Orangensaft
2 Frühlingszwiebeln
2 Knoblauchzehen
1 Stück frische Ingwerwurzel (ca. 10 g)
1 1/2 TL gemahlener Koriander
1/2 TL Salz
1/2 TL gemahlener Kardamom
1/4 TL Zimt
12 Lammkoteletts (à ca. 70 g)

Zubereitungszeit ca. 25 Min.
(plus ca. 12 Std. Wartezeit)
Pro Portion ca. 560 kcal / 2352 kJ E 55 g, F 37 g, KH 3 g

Knoblauchsteaks mit Nektarinenrelish

ZUTATEN FÜR 4 PERSONEN

6 Knoblauchzehen
4 Nackenkoteletts (à ca. 150 g)
2 mittelgroße Zwiebeln
1 TL Öl
1 Nektarine
1–2 Zweige Minze
2 EL Apfelessig
1 EL Honig
Salz
Pfeffer
1 Gefrierbeutel

Zubereitungszeit ca. 20 Min.
(plus mind. 30 Min. Wartezeit)
Pro Portion ca. 335 kcal / 1407 kJ
E 30 g, F 20 g, KH 8 g

1 Die Knoblauchzehen schälen und vierteln. Die Nackenkoteletts waschen und abtrocknen. In die Koteletts mit der Spitze eines scharfen Messers jeweils 4 kleine Schnitte machen und jeweils 1/4 Zehe hineinstecken. Das Fleisch in einen Gefrierbeutel geben, den Beutel verschließen und das Fleisch etwa 30 Minuten bei Zimmertemperatur ziehen lassen. Für mehr Knoblaucharoma das Fleisch im Kühlschrank bis zu 8 Stunden ziehen lassen.

2 Für das Relish die Zwiebeln schälen und in Würfel schneiden. Das Öl in einem breiten Topf erhitzen und darin die Zwiebeln und den restlichen Knoblauch in etwa 10 Minuten unter Rühren goldbraun braten. Die Nektarine waschen, halbieren, entsteinen und in kleine Würfel schneiden. Die Minze waschen, trockenschütteln und etwa 2 Teelöffel fein hacken. Den Essig, den Honig, die Nektarinenwürfel und die gehackte Minze unter die Zwiebeln rühren und einmal aufkochen lassen. Kalt werden lassen.

3 Die Steaks auf den heißen Grill legen und etwa 8–15 Minuten grillen. Zwischendurch einmal wenden. Anschließend mit Salz und Pfeffer würzen, auf 4 Tellern anrichten und das Relish darauf verteilen. Mit der restlichen Minze garniert servieren.

Bierwürstchen

ZUTATEN FÜR 4 PERSONEN

4 Bratwürste (à ca. 150 g)
1/8 l Bier
2 EL süße Chilisauce
1–2 Knoblauchzehen
1–2 Wacholderbeeren
ca. 3–4 Spritzer Tabasco
Öl

Zubereitungszeit ca. 15 Min.
(plus mind. 3 Std. Wartezeit)
Pro Portion ca. 113 kcal / 475 kJ
E 5 g, F 10 g, KH 2 g

1 Die Würstchen waschen, abtrocknen, dann rundherum mit einer Fleischgabel mehrfach einstechen und beiseite legen.

2 Das Bier mit der Chilisauce verrühren. Die Knoblauchzehen schälen und in das Bier pressen. Die Wacholderbeeren etwas zerdrücken und zusammen mit dem Tabasco dazugeben. Gut verrühren. Die Würstchen in der Biermarinade mindestens 3 Stunden im Kühlschrank marinieren.

3 Die Würstchen aus der Marinade nehmen, abtupfen und mit dem Öl rundherum bestreichen. Auf den heißen Grill legen und etwa 10 Minuten schön knusprig braun grillen. Zwischendurch wenden und immer wieder mit der Beize bestreichen.

Lammspieße mit Rosmarin

1 Für die Marinade den Grapefruitsaft, das Öl, den Zitronensaft und den Zimt miteinander verrühren. Den Rosmarin waschen, trockenschütteln, die Nadeln von den Stielen streifen und dazugeben. Die Knoblauchzehen schälen und in die Marinade pressen. Das Fleisch waschen, abtrocknen und in Würfel schneiden. In einer Schüssel gut mit der Marinade vermischen und etwa 1 Stunde ziehen lassen.

2 Die Möhren putzen, waschen und in etwa 3 cm lange Stücke schneiden. Die Zucchini putzen, waschen, von den Stielansätzen befreien und in dicke Scheiben schneiden. Die Möhrenstücke etwa 3 Minuten in kochendem Wasser garen. Die Zucchini etwa 2 Minuten mitgaren. Das Gemüse abtropfen lassen. Die Paprikaschote putzen, waschen, halbieren, entkernen und achteln.

3 Das Lammfleisch aus der Marinade nehmen, abtropfen lassen und im Wechsel mit dem Gemüse mit etwas Abstand auf die Schaschlikspieße stecken. Auf dem heißen Grill etwa 15 Minuten grillen. Dabei mehrmals wenden und mit der Marinade bestreichen.

ZUTATEN FÜR 4 PERSONEN

150 ml Grapefruitsaft
2 EL Olivenöl
2 EL Zitronensaft
1 Msp. Zimt
3 Zweige Rosmarin
2 Knoblauchzehen
1 kg Lammfleisch
250 g Babymöhren
2 kleine Zucchini
1 große rote oder grüne Paprikaschote
8 Schaschlikspieße

Zubereitungszeit ca. 30 Min.
(plus ca. 1 Std. Wartezeit)
Pro Portion ca. 450 kcal / 1890 kJ
E 75 g, F 12 g, KH 8 g

Steaks mit Pfeffersauce

ZUTATEN FÜR 4 PERSONEN

1 EL Butter
2 TL Mehl
50 ml Gemüsebrühe (Instant)
75 g Crème fraîche
2 EL Cognac
2 EL grüner Pfeffer
Salz
4 Rindersteaks, gut abgehangen (à ca. 200 g)
4 EL Olivenöl
schwarzer Pfeffer aus der Mühle

Zubereitungszeit ca. 20 Min.
Pro Portion ca. 640 kcal / 2688 kJ
E 46 g, F 50 g, KH 4 g

1 Die Butter in einem Topf zerlassen und das Mehl einrühren. Etwas anschwitzen lassen, mit der Brühe ablöschen und unter Rühen aufkochen. Die Crème fraîche, den Cognac, den grünen Pfeffer und etwas Salz zufügen und abschmecken. Warm stellen.

2 Die Steaks waschen, abtrocknen, mit dem Öl bepinseln und mit frischem Pfeffer würzen. Den Pfeffer gut in das Fleisch einreiben.

3 Die Steaks auf den heißen Grill legen und 10–15 Minuten grillen, je nachdem, wie durchgebraten sie gewünscht werden. Anfangs mit hoher Temperatur grillen, dann die Hitze reduzieren. Zwischendurch das Fleisch wenden. Die Steaks auf Tellern anrichten, mit der warmen Pfeffersauce übergießen und servieren.

Glasierter Schinken

1 Für die Glasur das Quittengelee in einem Topf leicht erwärmen, damit es sich auflöst. Nach Geschmack kräftig mit frischem Pfeffer würzen.

2 Das Koriandergrün waschen und trockenschütteln. 2 Esslöffel fein hacken und in das Gelee geben. Den Senf dazugeben. Alle Zutaten sorgfältig miteinander verrühren.

3 Die Schinkenscheiben gleichmäßig von beiden Seiten mit der Hälfte der Glasur bestreichen und die Glasur eventuell etwa 20 Minuten einziehen lassen. Den glasierten Schinken auf Alufolie auf den heißen Grill legen und etwa 5–7 Minuten grillen. Zwischendurch wenden und immer wieder mit der restlichen Glasur bestreichen. Mit dem restlichen Koriandergrün bestreut servieren.

ZUTATEN FÜR 4 PERSONEN

2 EL Quittengelee
schwarzer Pfeffer aus der Mühle
1/2 Bund Koriandergrün
1 TL grober Senf
4 jeweils 1cm dicke Scheiben gekochter Schinken
Alufolie

Zubereitungszeit ca. 15 Min.
(evtl. plus ca. 20 Min. Wartezeit)
Pro Portion ca. 76 kcal / 318 kJ
E 9 g, F 3 g, KH 3 g

Zarter Fisch und Meeresfrüchte vom Grill

Bambus-Shrimps

1 8 Bambusstäbchen für 30 Minuten in kaltes Wasser legen. Inzwischen für die Marinade die Würzsauce verrühren. Die Frühlingszwiebel putzen, waschen und fein hacken. Mit dem Öl und dem Ingwer zur Würzsauce geben. Die Knoblauchzehe schälen und dazupressen.

2 Die Ananas schälen, den Strunk entfernen und das Fruchtfleisch in etwa 3 x 3 cm große Würfel schneiden. Die Paprikaschoten putzen, waschen, halbieren und entkernen. Die Hälften in etwa 32 Stücke schneiden. Die Bambusstäbchen aus dem Wasser nehmen und nass im Wechsel mit den Paprikastücken, Ananaswürfeln und den Shrimps bestecken. Immer etwa 1cm Abstand dazwischen lassen. Mit der Hälfte der Marinade bestreichen und abgedeckt etwa 20 Minuten marinieren.

3 Die Spieße auf den heißen Grill legen und bei mittlerer Hitze grillen, zwischendurch einmal vorsichtig wenden. Hin und wieder mit der Marinade bestreichen und so lange grillen, bis die Shrimps kräftig pinkfarben werden (etwa 8–10 Minuten).

ZUTATEN FÜR 4 PERSONEN

50 ml asiatische Würzsauce (a. d. Asia-Laden)
1 Frühlingszwiebel
1 EL Öl
1 TL gemahlener Ingwer
1 Knoblauchzehe
1 kleine Ananas
1 rote Paprikaschote
1 gelbe Paprikaschote
16 große geschälte Shrimps mit Schwanz
8 Bambusstäbchen (a. d. Asia-Laden oder Holzstäbchen)

Zubereitungszeit ca. 30 Min.
(plus ca. 30 Min. Wartezeit)
Pro Portion ca. 224 kcal / 940 kJ
E 39 g, F 3 g, KH 9 g

Lachs mit Orangen-Basilikum-Marinade

ZUTATEN FÜR 4 PERSONEN

1 Orange
2 EL Olivenöl
2–3 Zweige frisches Basilikum
1 Zweig frische Minze
2 Knoblauchzehen
1 EL Worcestershiresauce
4 Lachsfilets (à ca. 150–200 g)
Öl für die Folie
Alufolie

Zubereitungszeit ca. 30 Min.
Pro Portion ca. 239 kcal / 1002 kJ
E 28 g, F 12 g, KH 4 g

1 Für die Marinade die Orange auspressen. Etwa 4 Esslöffel Saft abmessen, mit dem Olivenöl verrühren und beiseite stellen.

2 Das Basilikum und die Minze waschen, trockenschütteln und etwa 2 Esslöffel Basilikum und die Minze fein hacken. Die Knoblauchzehen schälen, fein hacken und zusammen mit den gehackten Kräutern und der Worcestershiresauce zu der Marinade geben. Alles gut verrühren.

3 Das Lachsfilet waschen, abtrocknen und von allen Seiten sorgfältig mit der Marinade bestreichen. Jeweils auf ein Stück geölte Alufolie setzen, auf den heißen Grill legen und etwa 8–12 Minuten grillen. Zwischendurch einmal vorsichtig wenden und mit der Marinade betreichen. Mit dem restlichen Basilikum garniert servieren.

Thunfisch mit Limette und Knoblauch

1 Die Limette waschen, trockenreiben, mit dem Zestenreißer etwa 1 Esslöffel Schale abziehen und beiseite stellen. Die Limette auspressen und etwa 8 Esslöffel Saft mit dem Öl, Salz und Pfeffer verrühren. Die Knoblauchzehen schälen, zerdrücken, hinzugeben und verrühren. Die Marinade in einen Gefrierbeutel geben.

2 Den Fisch waschen, abtrocknen, zu der Marinade in den Beutel geben und den Beutel verschließen. Vorsichtig schütteln, damit sich die Marinade gut mit dem Fisch vermischt. Etwa 10 Minuten im Kühlschrank durchziehen lassen. Die Petersilie waschen, trockenschütteln und hacken.

3 Den Fisch aus der Marinade nehmen und abtropfen lassen. Dabei die Marinade aufbewahren. Die Steaks auf dem heißen, geölten Grill etwa 12 Minuten grillen. Zwischendurch einmal wenden und dabei mit der Marinade bestreichen. Die Thunfischsteaks mit der Petersilie und den Limettenzesten bestreut servieren.

ZUTATEN FÜR 4 PERSONEN

1 unbehandelte Limette
1 EL Olivenöl
Salz
Pfeffer
2 Knoblauchzehen
4 Thunfischsteaks
(à ca. 150–200 g)
1/2 Bund Petersilie
1 Gefrierbeutel
Öl für den Rost

Zubereitungszeit ca. 25 Min.
(plus ca. 10 Min. Wartezeit)
Pro Portion ca. 373 kcal / 1565 kJ
E 33 g, F 26 g, KH 1 g

Feine Lachsbissen

ZUTATEN FÜR 4 PERSONEN

500 g frisches Lachsfilet ohne Haut
1 kleine Zwiebel
1/2 unbehandelte Zitrone
1 Bund Dill
1 Eiweiß
1 EL Mehl
Salz
Pfeffer aus der Mühle
Öl
1 Aluschale zum Grillen

Zubereitungszeit ca. 25 Min.
Pro Portion ca. 187 kcal / 783 kJ
E 24 g, F 8 g, KH 3 g

1 Das Lachsfilet abspülen, trockentupfen und in sehr feine Würfel schneiden. Zwiebel schälen, fein würfeln und dazugeben. Die Zitrone heiß abspülen und trockenreiben. Die Schale abreiben und zu dem Lachs-Zwiebel-Gemisch geben.

2 Die Zitrone auspressen. Den Dill waschen, trockenschütteln und fein schneiden. Mit dem Zitronensaft, dem Eiweiß und dem Mehl zum Lachs geben. Alles gründlich vermischen und mit Salz und Pfeffer würzen.

3 Die Aluschale mit etwas Öl bestreichen. Aus der Lachsmischung 8 kleine Frikadellen formen und in die Schale legen. Die Aluschale auf den heißen Grill stellen und die Lachsbissen von jeder Seite etwa 3–4 Minuten grillen.

Fisch im Gemüsebett

1 Die Zwiebel schälen und in dünne Ringe schneiden. Den Brokkoli putzen, waschen und in kleine Röschen teilen. Die Möhren schälen, waschen und in dünne Scheiben schneiden. Die Zucchini putzen, waschen, von dem Stielansatz befreien und quer in Scheiben schneiden. Das Fischfilet waschen, abtrocknen und in etwa 3 x 3 cm große Würfel schneiden.

2 Extra starke Alufolie in zwei etwa 40 x 40 cm große Stücke schneiden. Das vorbereitete Gemüse und die Fischwürfel gleichmäßig auf der glänzenden Seite der Folie verteilen. Mit dem Knoblauchsalz und Pfeffer würzen. Das Basilikum darüber streuen. Die Butter in Flöckchen darauf setzen und jeweils einen Eiswürfel auf das Gemüse geben.

3 Die Folie jeweils fest zum Päckchen schließen, dabei darauf achten, dass noch ausreichend Platz für die Dampfentwicklung bleibt. Die Päckchen auf den heißen Grill legen und etwa 15–20 Minuten garen. Die Päckchen vorsichtig öffnen, den Fisch im Gemüsebett auf 4 Tellern anrichten und servieren.

ZUTATEN FÜR 4 PERSONEN

1 kleine Zwiebel
300 g Brokkoli
2 mittelgroße Möhren
1 mittelgroße Zucchini
600 g Seelachsfilet
1 TL Knoblauchsalz
Pfeffer aus der Mühle
1 TL getrocknete Basilikumblätter
2 EL Butter
2 Eiswürfel
extra starke Alufolie

Zubereitungszeit ca. 30 Min.
Pro Portion ca. 155 kcal / 649 kJ
E 15 g, F 6 g, KH 10 g

Fischfilets mit Ingwer-Marinade

ZUTATEN FÜR 4 PERSONEN

2 Frühlingszwiebeln
2 EL Olivenöl
2 EL Essig
1 Stück frische Ingwerwurzel (ca. 20 g)
1 TL Sesamöl
4 Stücke weißes Fischfilet (z.B. Seelachs oder Kabeljau), ca. 2–3 cm dick
4 mittelgroße Tomaten
1 kleine Peperoni
1 Gefrierbeutel
1 Aluschale zum Grillen

Zubereitungszeit ca. 20 Min.
(plus ca. 1 Std. Wartezeit)
Pro Portion ca. 148 kcal / 623 kJ
E 27 g, F 4 g, KH 2 g

1 Für die Marinade die Frühlingszwiebeln putzen, waschen und in etwa 1 cm lange Stücke schneiden. Mit dem Olivenöl und dem Essig verrühren. Den Ingwer schälen und fein reiben. Zusammen mit dem Sesamöl zur Marinade geben und unterrühren.

2 Den Fisch in einen Gefrierbeutel geben und diesen in eine tiefe Schale setzen. Die Marinade über den Fisch geben und den Beutel verschließen. Etwa 1 Stunde im Kühlschrank durchziehen lassen. Den Fisch mehrmals wenden. Aus der Marinade nehmen und in eine Aluschale legen.

3 Die Tomaten putzen, waschen, den Stielansatz entfernen und die Tomaten vierteln. Die Peperoni putzen, waschen, halbieren, entkernen und in Ringe schneiden. Zum Fisch in die Schale geben. Die Schale auf den heißen Grill stellen und alles etwa 5 Minuten grillen. Den Fisch wenden und mit der Marinade bestreichen. Die Tomatenviertel hinzugeben und noch etwa 4–5 Minuten weiter grillen.

Zanderfilets „Hoisin“

ZUTATEN FÜR 4 PERSONEN

1 unbehandelte Zitrone
2 EL Sojasauce
2 EL Hoisinsauce (a. d. Asia-Laden)
2 EL Zucker
3 Frühlingszwiebeln
2 Knoblauchzehen
1/2 TL roter Pfeffer
1 Stück frische Ingwerwurzel (ca. 20 g)
4 Zanderfilets (à ca. 150–200 g)
Öl für den Rost

Zubereitungszeit ca. 20 Min.
(plus ca. 30 Min. Wartezeit)
Pro Portion ca. 155 kcal / 651 kJ
E 29 g, F 1 g, KH 5 g

1 Für die Marinade die Zitrone mit heißem Wasser waschen, halbieren und eine Hälfte auspressen. Die andere Hälfte in dünne Scheiben schneiden. 2 Esslöffel Saft mit der Sojasauce und der Hoisinsauce verrühren. Den Zucker hinzufügen und unterrühren, bis er sich auflöst. Die Frühlingszwiebeln putzen, waschen, in feine Ringe schneiden und unterheben. Die Knoblauchzehen schälen und hineinpressen. Den roten Pfeffer schroten oder zerdrücken und ebenfalls hinzufügen. Den Ingwer dünn schälen und hineinreiben. Alles gut miteinander verrühren.

2 Die Zanderfilets waschen, abtrocknen, in eine flache Schale legen und die Marinade über den Fisch geben. Den Fisch einmal umdrehen und abgedeckt für 30 Minuten im Kühlschrank marinieren lassen.

3 Die Fischfilets aus der Marinade nehmen, auf den geölten Rost legen und bei mittlerer Hitze von jeder Seite etwa 6 Minuten grillen. Zwischendurch immer wieder mit der Marinade bestreichen. Mit den Zitronenscheiben garniert servieren.

Heilbutt in Pfefferbeize

1 Die Zitrone auspressen und etwa 1 Esslöffel Saft beiseite stellen. Den restlichen Zitronensaft mit den Pfefferkörnern, dem Weißwein, dem Senf, dem Zucker und Salz im Mixer pürieren. So viel Öl darunter schlagen, dass eine dickflüssige Paste entsteht. Diese mit Tabasco abschmecken.

2 Die Heilbuttscheiben waschen, abtrocknen, danach zuerst salzen und dann mit dem zur Seite gestellten Zitronensaft beträufeln. Die Pfefferpaste auf den Fisch streichen und etwa 1 Stunde im Kühlschrank ziehen lassen.

3 Die Paste etwas abstreifen. Steaks jeweils auf einer gefetteten Alufolie auf den heißen Grill legen und von beiden Seiten etwa 5 Minuten grillen. Zwischendurch immer wieder mit der Pfefferpaste bestreichen und sehr vorsichtig wenden, da der Fisch leicht zerfällt.

ZUTATEN FÜR 4 PERSONEN

1 Zitrone
3 EL grüne Pfefferkörner
3 EL Weißwein
2 EL Kräutersenf
1 TL Zucker
Salz
1/8 l Öl
Tabascosauce
4 Heilbuttsteaks, mit Haut und Mittelgräte (à ca. 200 g)
Öl für die Folie
Alufolie

Zubereitungszeit ca. 20 Min.
(plus ca. 1 Std. Wartezeit)
Pro Portion ca. 201 kcal / 843 kJ
E 31 g, F 5 g, KH 5 g

Seelachs-Zucchini-Spieße

ZUTATEN FÜR 4 PERSONEN

3 EL Olivenöl
2 TL Worcestershiresauce
Salz
Paprika, edelsüß
Cayennepfeffer
800 g Seelachsfilet
200 g Frühstücksspeck, in dünnen Scheiben
2 kleine Zucchini
8 Holzspieße
1 Aluschale zum Grillen

Zubereitungszeit ca. 30 Min.
(plus ca. 1 Std. Wartezeit)
Pro Portion ca. 338 kcal / 1418 kJ
E 30 g, F 22 g, KH 4 g

1 Für die Marinade das Olivenöl mit der Worcestershiresauce, etwas Salz, Paprikapulver und 1 Prise Cayennepfeffer verrühren und beiseite stellen.

2 Das Fischfilet waschen, abtrocknen und in mundgerechte Würfel schneiden. Jeden Würfel mit einer Scheibe Frühstücksspeck umwickeln. Die Zucchini putzen, waschen, vom Stielansatz befreien und in Scheiben schneiden. Abwechselnd mit den Fischwürfeln auf die Spieße stecken. Die Spieße mit der Marinade sorgfältig bestreichen und abgedeckt etwa 1 Stunde im Kühlschrank marinieren lassen.

3 Die Fischspieße in eine Aluschale legen und auf dem heißen Grill etwa 6–8 Minuten grillen. Dabei zwischendurch mehrfach vorsichtig wenden.

Heilbutt „Siena“

1 Die Zitrone auspressen. Die Heilbuttscheiben waschen, abtrocknen und mit dem Zitronensaft beträufeln. Abgedeckt etwa 10 Minuten im Kühlschrank ziehen lassen. Anschließend etwas salzen.

2 Den Parmesan und den Emmentaler reiben und mit dem Paprikapulver vermischen. Die Heilbuttscheiben darin wälzen, dabei darauf achten, dass die Scheiben vollständig mit der Käse-Paprika-Mischung bedeckt sind.

3 Die Aluschale etwas einölen. Den Fisch in die Aluschale legen und vorsichtig mit der Hälfte des Öls bestreichen. Die Schale auf den heißen Grillrost stellen. Nach 8 Minuten wenden, den Fisch mit dem restlichen Öl bestreichen und weitere 8 Minuten grillen.

ZUTATEN FÜR 4 PERSONEN

1 Zitrone
4 Heilbuttsteaks, mit Haut und Mittelgräte (à ca. 200 g)
Salz
30 g Parmesan
30 g Emmentaler
1/2 TL Paprika, edelsüß
4 EL Öl
1 Aluschale zum Grillen

Zubereitungszeit ca. 25 Min.
Pro Portion ca. 247 kcal / 1035 kJ
E 35 g, F 10 g, KH 3 g

Shrimps „New Orleans“

ZUTATEN FÜR 4 PERSONEN

2 EL Butter
1 kleine Zwiebel
1 kleine grüne Paprikaschote
2 EL Ketschup
1 TL Zitronensaft
1/2 TL Chilisauce
1 EL Worcestershiresauce
1/4 TL Paprika, edelsüß
16 große Shrimps ohne Kopf
16 Scheiben Dillgurke
Alufolie

1 Die Butter in einem Topf schmelzen. Die Zwiebel schälen und fein würfeln. Die Paprikaschote putzen, waschen, halbieren, entkernen und ebenfalls fein würfeln. Beides mit dem Ketschup, dem Zitronensaft, der Chilisauce, der Worcestershiresauce und dem Paprikapulver zur Butter geben. Sorgfältig verrühren und die Shrimps darin etwa 30 Minuten einlegen.

2 Ein etwa 30 x 30 cm großes Stück Alufolie schneiden. Die Shrimps mit der Marinade darauf geben. Die Alufolie zu einem Päckchen falten, das vollständig dicht sein, dabei aber genügend Platz für die Dampfentwicklung lassen muss.

3 Das Päckchen auf den heißen Grill legen und etwa 10–15 Minuten grillen, bis die Shrimps schön pinkfarben werden. Um das zu prüfen, das Päckchen an der Oberseite mit einer Schere etwas aufschneiden. Das Grillpäckchen vorsichtig öffnen, die Shrimps auf Tellern anrichten und die Gurkenscheiben darauf verteilen.

Zubereitungszeit ca. 30 Min.
(plus ca. 30 Min. Wartezeit)
Pro Portion ca. 270 kcal / 1134 kJ
E 48 g, F 6 g, KH 5 g

Vegetarische Grillgerichte

Kartoffelspießchen

ZUTATEN FÜR 4 PERSONEN

500 g sehr kleine Frühkartoffeln
6 EL Olivenöl
grobes Meersalz
schwarzer Pfeffer aus der Mühle
Petersilie zum Garnieren
Alufolie
8 Schaschlikspieße

Zubereitungszeit ca. 30 Min.
Pro Portion ca. 111 kcal / 466 kJ
E 3 g, F 3 g, KH 19 g

1 Die Kartoffeln unter fließendem Wasser waschen und gründlich bürsten. Anschließend trockentupfen. Die Kartoffeln mit etwas Abstand auf 8 Spieße stecken und rundherum mit etwas Öl bepinseln.

2 Alufolie auf den heißen Grill legen. Die Kartoffelspieße darauf legen und unter mehrfachem Wenden etwa 20 Minuten grillen. Immer wieder mit dem Öl bepinseln. Mit einem Stäbchen die Garprobe machen. Dafür mit einem Zahnstocher in die Kartoffeln stechen. Wenn sie sich leicht durchstechen lassen, sind die Kartoffeln gar.

3 Die Kartoffelspießchen auf Tellern anrichten, sofort mit grobem Meersalz und mit frisch gemahlenem Pfeffer bestreuen. Mit Petersilie garniert servieren.

Barbecuegemüse

1 Die Tomaten putzen, waschen, die Stielansätze entfernen und die Tomaten vierteln. Von den Knoblauchknollen nur die äußeren pergamentähnlichen Schalenteile entfernen. Die ganzen Knollen waagerecht halbieren.

2 Die Petersilie waschen, trockenschütteln und fein hacken. Mit dem Öl, Salz und Pfeffer verrühren. Den Thymian und den Rosmarin waschen und trockenschütteln. Etwas Thymian beiseite legen. Restliche Kräuter fein hacken und zum Öl geben. Die Tomaten und den Knoblauch von allen Seiten gründlich mit der Ölmischung bestreichen.

3 Jeweils 1/2 Knoblauchknolle in Alufolie einwickeln und dabei die glänzende Seite der Folie nach innen nehmen. Je 4 Tomatenviertel ebenfalls in 1 Stück Alufolie einwickeln. Alles auf den heißen Grill legen und etwa 15 Minuten grillen. Folie jeweils vorsichtig öffnen, das Gemüse auf Tellern anrichten und mit Thymian garniert servieren.

ZUTATEN FÜR 4 PERSONEN

4 mittelgroße Tomaten
2 Knoblauchknollen
1/2 Bund glatte Petersilie
4 EL Olivenöl
Salz
schwarzer Pfeffer
2 Zweige Thymian
2 Zweige Rosmarin
Alufolie

Zubereitungszeit ca. 30 Min.
Pro Portion ca. 40 kcal / 168 kJ
E 1 g, F 3 g, KH 3 g

Paprika mit Ziegenkäse

ZUTATEN FÜR 4 PERSONEN

1/2 Bund Schnittlauch
2–3 Zweige frisches Basilikum
200 g Ziegenfrischkäse
75 g Blauschimmelkäse
je 2 rote, gelbe und grüne Paprikaschoten

Zubereitungszeit ca. 20 Min.
Pro Portion ca. 238 kcal / 999 kJ
E 11 g, F 20 g, KH 4 g

1 Den Schnittlauch und das Basilikum waschen und trockenschütteln. Den Schnittlauch in feine Röllchen und das Basilikum in Streifen schneiden. Den Ziegenfrischkäse mit dem Blauschimmelkäse verrühren. Je 1 Esslöffel Schnittlauch und Basilikum unterrühren und den Käse beiseite stellen.

2 Die Paprikaschoten waschen, abtrocknen und für etwa 8 Minuten direkt auf dem heißen Rost grillen. Die Schoten sollen rundum kräftig braun werden. Zwischendurch wenden. Vom Grill nehmen und etwas abkühlen lassen. Mit einem feuchten Tuch bedecken.

3 Die etwas abgekühlten Paprikaschoten vierteln, den Stielansatz entfernen und die Schoten entkernen. Die Käse-Kräuter-Masse auf den Vierteln verteilen und diese wieder für etwa 3 Minuten auf den Grill legen bis der Käse schmilzt. Mit den restlichen Kräutern bestreut sofort servieren.

Zucchinipäckchen mit Emmentaler

1 8 große Stücke Alufolie auf der glänzenden Seite gleichmäßig mit dem Öl einpinseln. Den Rand dabei großzügig aussparen. Die Zucchini putzen, waschen, abtrocknen und einmal quer halbieren.

2 Den Emmentaler in dünne Streifen schneiden. Den Thymian waschen, trockenschütteln und die Blättchen abzupfen. Die Zucchini mit der Schnittfläche nach unten legen und in die Zucchinihälften mehrere kleine Kerben schneiden. Die Käsestreifen in die Kerben stecken und die so gespickten Zucchinihälften auf die Folie legen. Mit Paprikapulver und Thymian würzen.

3 Die Folie fest zu einem Päckchen verschließen. Dabei genügend Platz für die Dampfentwicklung lassen. Die Gemüsepäckchen auf den heißen Grill legen und etwa 10–15 Minuten garen, zwischendurch wenden. Die Päckchen vorsichtig öffnen und servieren.

ZUTATEN FÜR 4 PERSONEN

2 EL Olivenöl
4 kleine Zucchini
100 g Emmentaler am Stück
4 Zweige Thymian
Paprika, edelsüß
Alufolie

Zubereitungszeit ca. 20 Min.
Pro Portion ca. 156 kcal / 653 kJ
E 10 g, F 11 g, KH 4 g

Gemüse aus der Glut

1 Die Aubergine putzen, waschen, den Stielansatz entfernen und die Aubergine in dünne Scheiben schneiden. Die Käsescheiben halbieren und jeweils 1/2 Scheibe zwischen zwei Auberginenscheiben legen. Auf 4 Stücke Alufolie (ca. 30 x 40 cm) setzen. Mit Salz und Pfeffer würzen. Jeweils 5 g Butter in Flöckchen darauf setzen.

2 Die Fenchelknollen putzen, vierteln und das feste Wurzelende keilförmig herausschneiden. Die Fenchelviertel auf die Auberginenscheiben setzen und mit 1 Teelöffel italienischer Kräuter bestreuen. Wieder jeweils 5 g Butter in Flöckchen darauf verteilen.

3 Die Fleischtomaten waschen, den Stielansatz entfernen, oben kreuzweise einschneiden und auf das andere Gemüse setzen. 1 Esslöffel italienische Kräuter über die Tomaten streuen und den Frischkäse darauf verteilen. Die Maiskolben abgießen und abtropfen lassen. Die Maiskolben auf die Auberginenscheiben setzen. Die restliche Butter in einem Topf schmelzen lassen und die Maiskolben damit bestreichen. Die Alufolie fest zusammenfalten und dabei genügend Raum für die Dampfentwicklung lassen. Die Gemüsepäckchen direkt in der Glut etwa 15–20 Minuten garen. Die Päckchen öffnen und mit Basilikum und Rosmarin garniert servieren.

ZUTATEN FÜR 4 PERSONEN

1 Aubergine
2 Scheiben Gouda-Käse
Salz
Pfeffer
80 g Butter
2 Fenchelknollen
2 TL getrocknete italienische Kräuter
4 Fleischtomaten
40 g Doppelrahm-Frischkäse
1 Dose (300 ml) kleine Maiskolben
Basilikum und Rosmarin zum Garnieren
Alufolie

Zubereitungszeit ca. 30 Min.
Pro Portion ca. 443 kcal / 1859 kJ
E 12 g, F 23 g, KH 46 g

Spieß „Gärtnerin“

ZUTATEN FÜR 4 PERSONEN

8 kleine Tomaten
1 Zucchini
1 große Aubergine
8 große Champignonköpfe
4 Zwiebeln
2 Kolben Zuckermais
1 rote Paprikaschote
Salz
Pfeffer
2 EL Olivenöl
8 Schaschlikspieße

Zubereitungszeit ca. 30 Min.
Pro Portion ca. 101 kcal / 423 kJ
E 10 g, F 1 g, KH 12 g

1 Die Tomaten, die Zucchini und die Aubergine putzen, waschen und die Stielansätze entfernen. Die Zucchini und die Aubergine in dicke Scheiben schneiden. Die Champignons abbürsten. Die Zwiebeln schälen und in dicke Scheiben schneiden. Den Mais putzen und vierteln. Die Paprikaschote putzen, waschen, halbieren, entkernen und die Hälften vierteln.

2 Je 1 Tomate auf einen Spieß stecken und die anderen Gemüsesorten im bunten Wechsel aufspießen. Dazwischen immer etwas Abstand lassen. Die Spieße mit Salz und Pfeffer bestreuen und mit dem Öl rundherum einstreichen.

3 Die Gemüse-Spieße auf den heißen Grill legen und bei mittlerer Hitze etwa 15 Minuten grillen. Zwischendurch mehrmals wenden und immer wieder mit etwas Öl bestreichen.

Maiskolben „Mexiko“

1 Die Butter in einem Topf langsam schmelzen lassen. Die Zitrone waschen, trockenreiben und etwa 1/2 Teelöffel Schale in die Butter reiben. Die Zitrone auspressen und etwa 3 Esslöffel Zitronensaft zur Butter geben. Die Chilis fein hacken und zur Butter geben. Alles gut miteinander verrühren und zur Seite stellen.

2 Den Mais putzen, dabei die Blätter nicht entfernen, sondern nur nach unten streifen. Auf jeden Maiskolben gleichmäßig etwa 2 Teelöffel Zitronen-Chili-Butter verteilen. Die Blätter wieder nach oben über den Kolben streifen.

3 Die Maiskolben auf den heißen Grill legen und etwa 20 Minuten grillen, dabei immer wieder wenden. Auf Tellern anrichten und die restliche Butter dazureichen.

ZUTATEN FÜR 4 PERSONEN

60 g Butter oder Margarine
1 unbehandelte Zitrone
4 getrocknete Chilis oder
1/2 TL Chilipulver
4 Kolben Zuckermais

Zubereitungszeit ca. 25 Min.
Pro Portion ca. 265 kcal / 1113 kJ
E 5 g, F 15 g, KH 26 g

Italienisches Grillgemüse

ZUTATEN FÜR 4 PERSONEN

1 1/2 EL weiche Butter
2 TL Zitronenpfeffer
12 Blätter Zitronenmelisse
1 große Kartoffel
1 mittlere Zucchini
2 große rote Paprikaschoten
1 mittelgroße Zwiebel
100 ml Italienisches Dressing (a. d. Glas)
1 Aluschale zum Grillen

Zubereitungszeit ca. 30 Min.
Pro Portion ca. 228 kcal / 957 kJ
E 4 g, F 17 g, KH 15 g

1 Die Butter mit dem Zitronenpfeffer verrühren und pikant abschmecken. Die Zitronenmelisse waschen, trockenschütteln, fein hacken und ebenfalls zur Butter geben.

2 Die Kartoffel gründlich waschen und ungeschält der Länge nach halbieren. Die Zucchini putzen, waschen, von dem Stielansatz befreien und der Länge nach halbieren. Die Paprikaschoten putzen, waschen, vierteln und entkernen. Die Zwiebel schälen und in 1 cm dicke Scheiben schneiden. Das Gemüse mit der Zitronenbutter bestreichen.

3 Das Grillgemüse in eine Aluschale legen und auf dem heißen Grill etwa 10–20 Minuten garen. Dabei häufig wenden. Das Grillgemüse auf einer Platte anrichten und mit dem Dressing übergießen.

Fladenbrot mit Knoblauch

1 Von den Knoblauchknollen nur die losen pergamentartigen Hüllen entfernen. Jede Knolle waagerecht halbieren und auf die glänzende Seite eines ausreichend großen Stückes Alufolie legen. Den Thymian waschen, trockenschütteln, auf den halbierten Knoblauchknollen gleichmäßig verteilen und mit dem Öl beträufeln. Die Alufolie schließen. Sofort auf den heißen Grill oder direkt in die Glut legen und etwa 25 Minuten garen. Immer wieder wenden, bis der Knoblauch weich ist.

2 Etwa 8 Minuten vor Ende der Garzeit das Fladenbrot auf den Grillrost legen. Einmal umdrehen, bis es goldbraun ist. Sollte das Fladenbrot zu schnell braun werden, ein Stück Alufolie darunter legen.

3 Das warme Fladenbrot in Portionsstücke schneiden und mit dem Knoblauch auf Tellern anrichten. Den weichen Knoblauch aus den Zehen drücken und zum Fladenbrot essen.

ZUTATEN FÜR 4 PERSONEN

2 große Knoblauchknollen
2 Zweige Thymian
1 EL Olivenöl
1 großes oder
2 kleine Fladenbrote
Alufolie

Zubereitungszeit ca. 30 Min.
Pro Portion ca. 62 kcal / 258 kJ
E 2 g, F 1 g, KH 13 g

Gemüsespieße mit Zitronen-Frühlingszwiebeln

ZUTATEN FÜR 4 PERSONEN

2 Auberginen
4 kleine Zucchini
6 große Champignonköpfe
2 1/2 Zitronen
Salz
1 Zweig Rosmarin
2 Salbeiblättchen
1–2 Zweige Oregano
1/8 l Olivenöl
1 TL grob geschroteter schwarzer Pfeffer
2 kleine Chilischoten
3 Knoblauchzehen
2 Frühlingszwiebeln
3–4 Stiele Petersilie
Pfeffer aus der Mühle
8 Holzspieße

Zubereitungszeit ca. 30 Min.
(plus ca. 1 Std. Wartezeit)
Pro Portion ca. 105 kcal / 440 kJ
E 9 g, F 2 g, KH 12 g

1 Die Auberginen putzen, waschen, von den Stielansätzen befreien und längs in etwa 1 cm dicke Scheiben schneiden. Die Zucchini putzen, waschen, die Stielansätze entfernen und die Zucchini ebenfalls längs halbieren. Die Champignons abreiben, entstielen und quer in große runde Scheiben schneiden. Die halbe Zitrone auspressen. Das Gemüse in eine Schüssel geben, mit Salz bestreuen und mit dem Zitronensaft beträufeln.

2 Die Kräuter waschen und trockenschütteln. Das Öl mit dem Pfeffer, den Chilischoten und den Kräutern erhitzen. Den Knoblauch schälen, fein hacken und zu dem Öl geben. Das Öl sehr heiß über das Gemüse geben. Zugedeckt etwa 1 Stunde ziehen lassen, zwischendurch einmal wenden. Das marinierte Gemüse aus der Marinade nehmen, abtropfen lassen und auf die Spieße stecken. Dabei die Auberginenscheiben aufrollen und die Zucchinischeiben wellenförmig über das andere Gemüse stecken. Auf den heißen Grill legen und unter häufigem Wenden etwa 10–15 Minuten grillen, bis es schön braun ist.

3 Inzwischen 1 Zitrone auspressen und den Saft mit 1 Prise Salz verrühren. Die Frühlingszwiebeln putzen, waschen und klein schneiden. Die Petersilie waschen, trockenschütteln, fein hacken und mit den Zwiebeln mischen. Das Fruchtfleisch aus der restlichen Zitrone lösen, würfeln und dazugeben. Mit Pfeffer bestreuen. Das gegrillte Gemüse auf Tellern anrichten, mit dem Zitronensaft beträufeln und mit dem Zwiebelgemisch bestreuen.

Auberginenspieße

ZUTATEN FÜR 4 PERSONEN

2 mittelgroße Auberginen
1 gelbe Paprikaschote
200 g Schafskäse
4 EL Olivenöl
Salz
2 EL Weißweinessig
Pfeffer
8 Holzstäbchen

Zubereitungszeit ca. 20 Min.
Pro Portion ca. 255 kcal / 1071 kJ
E 11 g, F 22 g, KH 4 g

1 Die Auberginen putzen, waschen und von den Stielansätzen befreien. Auberginen der Länge nach in dünne Scheiben schneiden. Die Paprikaschote putzen, waschen, halbieren, entkernen und in Stücke schneiden. Vom Schafskäse so viele Würfel schneiden, dass für jede Auberginenscheibe auch ein Käsewürfel vorhanden ist.

2 Für das Würzöl das Olivenöl mit etwas Salz, dem Essig und Pfeffer gut verrühren. Jeweils eine Auberginenscheibe um einen Käsewürfel rollen und im Wechsel mit den Paprikastücken mit etwas Abstand auf die Holzstäbchen stecken. Alles rundherum sorgfältig mit dem Würzöl einpinseln.

3 Die Spieße auf den heißen Grill legen und bei mittlerer Hitze von jeder Seite etwa 6–8 Minuten grillen. Dabei immer wieder mit dem Würzöl bestreichen.

Zwiebel-Nuss-Baguette

1 Die Zwiebel schälen, halbieren und in sehr dünne Ringe schneiden. Die Walnüsse grob hacken. Das Öl in einer großen Pfanne erhitzen und die Zwiebelringe darin etwa 3 Minuten garen, bis sie weich sind. Die gehackten Walnusskerne und den Zucker zugeben. Unter Rühren etwa 5 Minuten weiter garen lassen. Die Zwiebeln sollen karamellisieren und die Walnusskerne sollen geröstet sein. Den Senf unterrühren.

2 Die karamellisierte Zwiebelmischung gleichmäßig auf den Brotscheiben verteilen. Den Parmesan reiben und ebenfalls auf den Baguettes verteilen.

3 Die Baguettescheiben auf den heißen Grill legen und etwa 2 Minuten grillen. Das Brot soll nur toasten. Auf das Brot achten, denn es wird innerhalb weniger Sekunden dunkel.

ZUTATEN FÜR 4 PERSONEN

1 große Zwiebel
50 g Walnusskerne
1 EL Olivenöl
1 TL brauner Zucker
1 EL Dijonsenf
8 dicke Scheiben Baguette
80–100 g Parmesan am Stück

Zubereitungszeit ca. 20 Min.
Pro Portion ca. 243 kcal / 1019 kJ
E 11 g, F 19 g, KH 7 g

Auberginen mit Joghurt-Minz-Sauce

ZUTATEN FÜR 4 PERSONEN

150 g Vollmilch-Joghurt
3 Zweige frische Minze
1/2 Zitrone
1 EL Curry
Salz
1 TL geschroteter roter Pfeffer
2 Auberginen
4 EL Sesamöl
1/4 TL gemahlener Koriander

Zubereitungszeit ca. 15 Min.
Pro Portion ca. 87 kcal / 364 kJ
E 3 g, F 4 g, KH 7 g

1 Den Joghurt glatt rühren. Die Minze waschen, trockenschütteln, die Blätter von den Stängeln streifen und 2/3 fein hacken. Den Rest beiseite legen. Die Zitrone auspressen und etwa 2 Esslöffel Zitronensaft mit der gehackten Minze zum Joghurt geben. Mit Curry, Salz und rotem Pfeffer abschmecken.

2 Anschließend die Auberginen putzen, waschen, die Stielansätze entfernen und die Auberginen längs in etwa 2 cm dicke Scheiben schneiden.

3 Die Auberginenscheiben auf beiden Seiten mit dem Öl bestreichen und mit dem Koriander bestreuen. Mit Salz und Pfeffer würzen. Auf den heißen Grill legen und etwa 5 Minuten von jeder Seite grillen. Mit der Joghurt-Minz-Sauce und der restlichen Minze bestreut servieren.

Marinierte Pilze mit Kräutern

1 Die Kräuter waschen, trockenschütteln und die Blätter von den Stielen streifen. Jeweils die Hälfte fein hacken. Den Rest beiseite legen. Für die Marinade das Olivenöl mit dem Essig, den gehackten Kräutern und dem Salz verrühren. Das Salz soll sich dabei auflösen. Die Knoblauchzehen schälen, fein hacken, zum gewürzten Öl geben und gut verrühren.

2 Den Sand von den Pilzen abbürsten und eventuell die Stiele abschneiden. Die Pilze möglichst nicht mit Wasser abspülen. Die Marinade in einen Gefrierbeutel geben und die Pilze in die Marinade geben. Den Beutel verschließen und schütteln, damit sich die Marinade gut mit den Pilzen vermischt. Im Kühlschrank 1 Stunde marinieren lassen.

3 Die Pilze aus der Marinade nehmen, abtropfen lassen und auf den heißen Grill legen. Etwa 8–10 Minuten von jeder Seite grillen. Die Pilze auf Tellern anrichten, den Käse gleichmäßig darüber bröseln und mit den restlichen Kräutern bestreut servieren.

ZUTATEN FÜR 4 PERSONEN

2 Zweige Oregano
2 Zweige Thymian
4 EL Olivenöl
2 EL Aceto Balsamico
Salz
2 Knoblauchzehen
16 große braune Champignonköpfe
100 g Fetakäse
1 Gefrierbeutel

Zubereitungszeit ca. 20 Min.
(plus ca. 1 Std. Wartezeit)
Pro Portion ca. 166 kcal / 696 kJ
E 19 g, F 9 g, KH 4 g

Heiße Grillkartoffeln

1 Die Alufolie in 3 etwa 30 x 40 cm große Stücke schneiden. Die glänzende Seite mit 1 Esslöffel Butter bestreichen. Die Kartoffeln waschen, gründlich abbürsten und ungeschält in dünne Scheiben schneiden. Die Scheiben gleichmäßig auf der Alufolie verteilen. Die Frühlingszwiebeln putzen, waschen, in etwa 1 cm lange Stücke schneiden und über den Kartoffelscheiben verteilen. Mit dem Parmesan, Salz, Paprika und Pfeffer bestreuen.

2 Die Alufolie zu festen Päckchen verschließen und dabei darauf achten, dass noch genügend Platz für die Dampfentwicklung bleibt. Die Kartoffelpäckchen direkt in der Glut oder auf dem heißen Rost etwa 20 Minuten grillen. Zwischendurch 2–3-mal wenden.

3 Die Kräuter waschen und trockenschütteln. Die Petersilie und den Dill fein hacken, den Schnittlauch in Röllchen schneiden. Die Kartoffeln vorsichtig aus der Folie nehmen, auf Tellern anrichten und mit den Kräutern bestreut servieren.

ZUTATEN FÜR 4 PERSONEN

3 EL Butter
4 mittelgroße Kartoffeln
3 Frühlingszwiebeln
2 EL geriebener Parmesan
1/4 TL Salz
1/4 TL Paprika, edelsüß
1/4 TL frisch gemahlener Pfeffer
1/2 Bund Petersilie
1/2 Bund Dill
1/2 Bund Schnittlauch
Alufolie

Zubereitungszeit ca. 30 Min.
Pro Portion ca. 166 kcal / 697 kJ
E 5 g, F 1 g, KH 32 g

Würzige Dips, Saucen und Salsas

Barbecue-Sauce

ZUTATEN FÜR 4 PERSONEN

2 EL Honig
6 EL Tomatenketschup
2 EL Rotweinessig
1 EL Sojasauce
2 TL Senf
1 TL Worcestershiresauce
1 Zwiebel
1–2 Knoblauchzehen
1 Bund Petersilie
Pfeffer aus der Mühle
1 TL Paprika, edelsüß
Salz
1–2 getrocknete Chilischoten

Zubereitungszeit ca. 10 Min.
(plus ca. 1 Std. Wartezeit)
Pro Portion ca. 37 kcal / 154 kJ
E 1 g, F 1 g, KH 7 g

1 Den Honig evtl. etwas erwärmen, damit er sich besser löst. Den Ketschup mit dem Honig, dem Essig, der Sojasauce, dem Senf und der Worcestershiresauce verrühren.

2 Die Zwiebel und die Knoblauchzehen schälen, die Zwiebel sehr fein hacken und die Knoblauchzehen durch die Presse drücken. Die Petersilie waschen, trockenschütteln und fein hacken. Alles zur Sauce geben und miteinander verrühren.

3 Die Sauce mit Pfeffer, Paprika und etwas Salz würzen. Die Chilischoten fein hacken und in die Sauce geben. Soll die Sauce nicht zu scharf werden, die Samenkerne der Chilischoten vorher entfernen. Die Sauce möglichst 1 Stunde durchziehen lassen.

Johannisbeer-Chili-Sauce

1 Die Chilisauce und das Johannisbeergelee in einen Topf geben und langsam erhitzen. Die Senfgurken abtropfen lassen und in sehr feine Würfel schneiden.

2 Die frischen Johannisbeeren waschen, trockentupfen und mit einer Gabel von den Stielen streifen. Tiefgekühlte Johannisbeeren antauen lassen. Den Schnittlauch waschen, trockenschütteln und in sehr kleine Röllchen schneiden. Einige Johannisbeeren und etwas Schnittlauch beiseite legen.

3 Den Senf zusammen mit den Schnittlauchröllchen, den Gurkenwürfeln und den Johannisbeeren zum Johannisbeergelee in den Topf geben. So lange unter Rühren erhitzen, bis das Gelee flüssig geworden ist und alles einmal aufkocht. Nach Belieben mit etwas Gurkensud und Senf nachwürzen. Abkühlen lassen und mit den restlichen Johannisbeeren und Schnittlauch garniert servieren.

ZUTATEN FÜR 4 PERSONEN

200 ml Chilisauce
100 ml Johannisbeergelee
2 EL Senfgurken (a. d. Glas)
100 g frische oder
TK-Johannisbeeren
1/2 Bund Schnittlauch
evtl. 2 TL Senf

Zubereitungszeit ca. 15 Min.
Pro Portion ca. 20 kcal / 82 kJ
E 1 g, F 1 g, KH 3 g

Scharfe Apfelsauce

ZUTATEN FÜR 4 PERSONEN

50 g Rosinen
4 EL Apfelessig
1 Schalotte
1 Knoblauchzehe
1/8 l trockener Weißwein
1 EL Zucker oder Honig
1/2 Glas (360 g) Apfelkompott mit Stückchen
2–3 TL geriebener Meerrettich
2 Msp. Senfpulver
Salz, Pfeffer
Cayennepfeffer
evtl. etwas Curry
1 säuerlicher Apfel

Zubereitungszeit ca. 30 Min.
Pro Portion ca. 106 kcal / 444 kJ
E 1 g, F 1 g, KH 23 g

1 Die Rosinen mit heißem Wasser kräftig abspülen, trockentupfen und fein hacken. Mit dem Essig begießen und darin etwa 10 Minuten zugedeckt quellen lassen. Inzwischen die Schalotte und die Knoblauchzehe schälen, die Schalotte fein würfeln und den Knoblauch fein hacken.

2 Beides mit dem Wein und dem Zucker oder dem Honig in einem Topf zum Kochen bringen. Die Rosinen mit dem Essig zufügen und weiterköcheln lassen. Sobald die Schalotte weich ist, das Apfelkompott untermischen. Den Topf vom Herd nehmen.

3 Die Sauce mit dem Meerrettich und dem Senfpulver verrühren. Mit Salz, Pfeffer und Cayennepfeffer pikant-scharf abschmecken. Nach Geschmack evtl. mit etwas Curry würzen. Den Apfel waschen, vierteln, entkernen und in Scheibchen schneiden. Die Apfelscheiben unter die Sauce heben und die Sauce abkühlen lassen.

Pfirsich-Mango-Salsa

1 Für das Dressing die Limetten oder Zitronen auspressen und etwa 5–6 Esslöffel Saft mit dem Honig und Salz so lange verrühren, bis sich alles gelöst und verbunden hat.

2 Die Mango dünn schälen, die Frucht hochkant halten und das Fruchtfleisch vom Stein schneiden. Das Mangofleisch in kleine Würfel schneiden. Die Pfirsiche schälen, entsteinen und ebenfalls würfeln. Die Peperoni putzen, waschen, halbieren, entkernen und die Schote in sehr feine Würfel schneiden.

3 Das Koriandergrün waschen, trockenschütteln und fein hacken. Mit den vorbereiteten Zutaten mischen. Das Dressing hinzugeben und gut unterrühren. Zugedeckt für mindestens 1 Stunde kalt stellen, damit sich die Aromen gut verbinden können.

ZUTATEN FÜR 4 PERSONEN

1–2 Limetten oder Zitronen
1 TL Honig
Salz
1 mittelgroße Mango
3 reife Pfirsiche
1 kleine Peperoni
2–3 Stiele frisches Koriandergrün

Zubereitungszeit ca. 15 Min.
(plus ca. 1 Std. Wartezeit)
Pro Portion ca. 91 kcal / 381 kJ
E 1 g, F 2 g, KH 15 g

Avocadoaufstrich

ZUTATEN FÜR 6 PERSONEN

1 Zitrone
2 Avocados (600 g)
1 Knoblauchzehe
1 Zwiebel
3 Tomaten
3 Stiele Basilikum
Salz
frisch gemahlener schwarzer Pfeffer

Zubereitungszeit ca. 20 Min.
Pro Portion ca. 242 kcal / 1015 kJ
E 3 g, F 24 g, KH 4 g

1 Die Zitrone halbieren und auspressen. Etwa 2 Esslöffel Saft abmessen. Die Avocados halbieren und den Kern entfernen. Das Fruchtfleisch mit einem Esslöffel aus der Schale lösen, in einen Mixbecher geben und sofort mit dem Zitronensaft beträufeln.

2 Die Knoblauchzehe und die Zwiebel schälen, grob zerkleinern und zu den Zutaten im Mixbecher geben. Alles zu einer glatten Paste mixen. Die Tomaten kreuzweise einritzen, 30 Sekunden mit heißem Wasser überbrühen und häuten. Anschließend halbieren, den Stielansatz entfernen, die Tomaten entkernen und klein würfeln.

3 Das Basilikum waschen, trockenschütteln und die Blättchen von den Stielen zupfen. Die Blättchen, bis auf 2 bis 3, klein hacken. Die Tomatenwürfel und das klein gehackte Basilikum unter den Avocadoaufstrich rühren. Alles mit Salz und Pfeffer abschmecken, mit dem restlichen Basilikum garnieren und servieren.

Sprossenbutter

1 500 ml Wasser zum Kochen bringen und die Sprossen damit 30 Sekunden überbrühen. Anschließend die Sprossen sofort etwa 1 Minute in eiskaltes Wasser tauchen, in einem Sieb abtropfen lassen und auf Küchenpapier geben.

2 Die Tomaten kreuzweise einritzen, 30 Sekunden mit heißem Wasser überbrühen und anschließend häuten. Halbieren, den Stielansatz entfernen, die Tomaten entkernen und sehr klein würfeln. Die Petersilie waschen, trockenschütteln und fein hacken. Jeweils 1/2 Esslöffel Petersilie und einige Tomatenwürfel zum Garnieren beiseite stellen.

3 Die zimmerwarme Butter mit den Quirlen des Handrührgerätes schaumig rühren. Die abgetropften Sprossen, die gehackte Petersilie und die Tomatenwürfel miteinander vermischen und vorsichtig unter die Butter rühren. Alles mit Salz und Pfeffer pikant abschmecken. Mit der restlichen Petersilie und den Tomaten garnieren und servieren.

ZUTATEN FÜR 6 PERSONEN

140 g Sojabohnensprossen
200 g Weizensprossen
40 g Rettich- oder Senfsprossen
6 Tomaten
1/2 Bund Petersilie
250 g weiche Butter
Salz
Pfeffer

Zubereitungszeit ca. 15 Min.
Pro Portion ca. 378 kcal / 1589 kJ
E 5 g, F 36 g, KH 9 g

Frische Tomaten-Basilikum-Salsa

ZUTATEN FÜR 4 PERSONEN

3 große Tomaten
1 rote Zwiebel
1 Knoblauchzehe
1 Frühlingszwiebel
1 kleine Peperoni
3–4 Stiele glatte Petersilie
1 Bund Basilikum
1 Zitrone
Salz

Zubereitungszeit ca. 20 Min.
Pro Portion ca. 39 kcal / 165 kJ
E 1 g, F 1 g, KH 6 g

1 Die Tomaten putzen, waschen, von den Stielansätzen befreien, kreuzweise einschneiden und mit kochendem Wasser überbrühen, bis sich die Haut löst. Sofort mit kaltem Wasser abschrecken und abkühlen lassen.

2 Die Zwiebel und die Knoblauchzehe schälen, die Zwiebel sehr fein würfeln und den Knoblauch fein hacken oder durchpressen. Die Frühlingszwiebel putzen, waschen und in etwa 1 cm lange Stücke schneiden. Die Peperoni putzen, waschen, halbieren, Samenkerne entfernen und die Schote fein würfeln. (Wenn die Salsa nicht so scharf sein soll, nur eine halbe Peperoni verwenden.) Die Petersilie und das Basilikum waschen und trockenschütteln. Die Petersilie fein hacken und das Basilikum in feine Streifen schneiden.

3 Die erkalteten Tomaten häuten, halbieren und die Kerne entfernen. Das Fruchtfleisch fein würfeln, dabei den Saft auffangen. Die Tomatenwürfel mit dem Saft zu den vorbereiteten Zutaten geben. Alles gut miteinander mischen. Die Zitrone auspressen. Die Salsa mit Salz und Zitronensaft nach Geschmack abschmecken und etwas durchziehen lassen.

Avocado-Dip

ZUTATEN FÜR 4 PERSONEN

1 Zitrone
2 reife Avocados
1 mittelgroße rote Zwiebel
1 Knoblauchzehe
4 Stiele glatte Petersilie
Salz
Pfeffer aus der Mühle

Zubereitungszeit ca. 10 Min.
(plus ca. 2 Std. Wartezeit)
Pro Portion ca. 270 kcal / 1134 kJ
E 3 g, F 27 g, KH 4 g

1 Die Zitrone auspressen. Die Avocados halbieren, schälen und den Stein entfernen. Das Fruchtfleisch grob zerkleinert in eine Schüssel oder auf einen Teller geben und mit einer Gabel fein zerdrücken. Etwa 4 Esslöffel Zitronensaft sofort hinzugeben und mit dem Fruchtfleisch mischen, damit es nicht braun wird.

2 Die Zwiebel und die Knoblauchzehe schälen, die Zwiebel fein hacken und die Knoblauchzehe durchpressen. Die Petersilie waschen, trockenschütteln und fein hacken. Die vorbereiteten Zutaten vorsichtig miteinander mischen. Mit Salz und Pfeffer würzen.

3 Den Avocado-Dip gut abdecken, damit er nicht braun wird und für etwa 2 Stunden bei Zimmertemperatur durchziehen lassen.

Cremiger Gemüse-Dip

1 Die Peperoni putzen, waschen, halbieren, entkernen und in kleine Würfel schneiden. Abgedeckt 2–3 Minuten in der Mikrowelle oder etwa 5 Minuten mit etwa 1 Esslöffel Wasser in einem Topf garen. Abkühlen lassen. Flüssigkeit abtupfen.

2 Die Schalotten schälen und fein hacken. Die Gurke waschen, abtrocknen, halbieren, mit einem Löffel eventuell die Kerne entfernen und die Gurke in feine Scheiben schneiden.

3 Den Schmelzkäse mit einer Gabel zerdrücken und mit der Mayonnaise und mit dem Schmand verrühren. Mit Curry und Pfeffer pikant abschmecken. Das vorbereitete Gemüse unterrühren. Den Gemüse-Dip abgedeckt im Kühlschrank für mindestens 1 Stunde durchziehen lassen.

ZUTATEN FÜR 4 PERSONEN

1 kleine rote Peperoni
1–2 Schalotten
1/2 kleine Salatgurke
200 g Sahne-Schmelzkäse
3 TL Mayonnaise
3 TL Schmand
Currypulver
Pfeffer aus der Mühle

Zubereitungszeit ca. 15 Min.
(plus ca. 1 Std. Wartezeit)
Pro Portion ca. 235 kcal / 987 kJ
E 8 g, F 21 g, KH 4 g

Knackig-frische Salate

Champignonsalat mit Sprossen

1 Die Champignons sorgfältig abbürsten und in dünne Scheiben schneiden. Die Zitrone auspressen und die Champignons sofort mit dem Zitronensaft beträufeln, damit sie nicht braun werden. Die Zwiebeln schälen und sehr fein würfeln. Die Tomaten waschen, halbieren, den Stielansatz entfernen und die Tomaten vierteln. Die Salatzutaten mischen. Den Schnittlauch waschen, trockenschütteln und in feine Röllchen schneiden. Die Hälfte des Schnittlauchs zu den Salatzutaten hinzufügen und darunter mischen, den restlichen Schnittlauch beiseite stellen.

2 Für die Salatsauce die Eier schälen und halbieren. Das Eigelb mit einem Löffel herauslösen und mit einer Gabel fein zerdrücken. Das Eiweiß in winzige Würfel schneiden. Danach die Mayonnaise mit dem Joghurt und dem Eigelb kräftig verrühren. Den Sahne-Meerrettich und den Weißweinessig ebenfalls damit verrühren. Alles mit Salz und Pfeffer sehr pikant abschmecken.

3 Den Salat auf 6 großen Tellern anrichten und die Salatsauce mit einem Esslöffel über die Salatzutaten geben. Alles mit den Eiweißwürfeln und dem restlichen Schnittlauch bestreuen. Die Sprossen mit kaltem Wasser abspülen und gut abtropfen lassen. Den Salat damit garnieren und servieren.

ZUTATEN FÜR 6 PERSONEN

400 g Champignons
1 Zitrone
2 Zwiebeln
150 g Cocktailtomaten
1 Bund Schnittlauch
2 hart gekochte Eier
2 EL Mayonnaise
3 EL Vollmilch-Joghurt
2 EL Sahne-Meerrettich
1–2 EL Weißweinessig
Salz
Pfeffer
4 EL Sprossen
(z.B. Rettichsprossen)

Zubereitungszeit ca. 30 Min.
Pro Portion ca. 94 kcal / 396 kJ
E 6 g, F 6 g, KH 5 g

Fruchtiger Imkersalat

ZUTATEN FÜR 6 PERSONEN

6 Tomaten
1 kleine Honigmelone
400 g Schafskäse
4 Frühlingszwiebeln
6 EL Sommerblüten- oder Akazienhonig
4 EL Weißweinessig
3–4 EL Olivenöl
Salz
grob geschroteter schwarzer Pfeffer
2 Stiele Basilikum
Für die Honigcroûtons:
1 große Scheibe Vollkornbrot vom Vortag
1 EL Butter, 1 EL Honig

Zubereitungszeit ca. 20 Min.
Pro Portion ca. 270 kcal / 1134 kJ
E 13 g, F 20 g, KH 9 g

1 Die Tomaten kreuzweise einritzen, mit heißem Wasser überbrühen und häuten, den Stielansatz entfernen und die Tomaten in Scheiben schneiden. Die Honigmelone halbieren und die Kerne mit einem Löffel herausnehmen. Die Melonenhälften in schmale Spalten schneiden, anschließend schälen und die Spalten der Länge nach halbieren. Den Schafskäse in Würfel schneiden.

2 Die Frühlingszwiebeln putzen, waschen und in feine Ringe schneiden. Tomatenscheiben, Melonenstücke, Schafskäse und Frühlingszwiebeln dekorativ auf 6 großen Tellern oder einer großen Platte anrichten. Für das Dressing den Honig mit dem Essig und dem Olivenöl glatt verrühren. Mit Salz und Pfeffer abschmecken und den Tomatensalat damit beträufeln.

3 Das Basilikum waschen und trockenschütteln. Die Blättchen von den Stielen abzupfen und den Salat damit garnieren. Für die Croûtons das Brot klein würfeln. Die Butter in einer Pfanne erhitzen und den Honig darunter rühren. Die Brotwürfel darin goldbraun braten, über den Salat streuen und den Salat servieren.

Frischer Selleriesalat

1 Den Staudensellerie putzen, waschen und mit einem Sparschäler die Fäden von den Stangen entfernen. Anschließend die Stangen in etwa 10 cm lange Stücke schneiden. Die Brühe aufkochen lassen und die Selleriestücke darin etwa 8 Minuten bissfest garen.

2 Die Selleriestücke herausnehmen, abtropfen und abkühlen lassen. Den Gemüsesud beiseite stellen. Für die Vinaigrette die Paprika putzen, waschen, halbieren, entkernen und sehr fein würfeln. Die Schalotte schälen und klein würfeln. Die Petersilie waschen, trockenschütteln und fein hacken.

3 Den Essig und das Öl mit 4 Esslöffeln Gemüsesud kräftig verrühren und die Petersilie, die Zwiebel- und die Paprikawürfel darunter rühren. Den Raclettekäse in kleine Würfel schneiden und mit den Selleriestücken auf einer Platte anrichten. Die Vinaigrette darüber träufeln. Dazu passt knuspriges Brot.

ZUTATEN FÜR 6 PERSONEN

1 kg Staudensellerie
300 ml Gemüsebrühe (Instant)
1 rote Paprikaschote
1 mittelgroße Schalotte
1 Bund Petersilie
6 EL Pfefferessig
8 EL Rapsöl
350 g Raclettekäse

Zubereitungszeit ca. 30 Min.
Pro Portion ca. 188 kcal / 791 kJ
E 16 g, F 11 g, KH 6 g

Hähnchenfilet im Rucolabett

ZUTATEN FÜR 6 PERSONEN

900 g Hähnchenbrustfilet
Salz
frisch gemahlener Pfeffer
Mehl zum Wenden
2–4 EL Öl
3–5 EL Natives Olivenöl Extra
3–5 EL Balsamico-Essig
150 g Rucola
200 g Cocktailtomaten
100 g Parmesan

Für die Croûtons:
1 Knoblauchzehe
3 Scheiben Mischbrot vom Vortag
1 TL Kräuter der Provence

Zubereitungszeit ca. 30 Min.
Pro Portion ca. 298 kcal / 1253 kJ
E 43 g, F 11 g, KH 8 g

1 Das Fleisch waschen, abtrocknen, in dünne Scheiben schneiden und mit Salz und Pfeffer würzen. Anschließend sorgfältig im Mehl wenden. In einer Pfanne 2–3 Esslöffel Öl erhitzen und die Filets darin etwa 5 Minuten goldbraun braten. Die gebratenen Filetscheiben nebeneinander auf einer Platte anrichten, mit etwa der Hälfte des Olivenöls und des Essigs beträufeln und beiseite stellen.

2 Inzwischen für den Salat den Rucola und die Tomaten putzen, waschen und abtrocknen. Den Rucolasalat auf 6 großen Tellern oder auf einer Platte anrichten. Die Tomaten zunächst halbieren und den Stielansatz entfernen. Anschließend vierteln und etwa 2/3 der geviertelten Tomaten auf den Rucolablättern verteilen. Mit dem restlichen Olivenöl und dem restlichen Essig beträufeln.

3 Für die Croûtons den Knoblauch schälen und halbieren. Das Brot entrinden und in kleine Würfel schneiden. Das restliche Öl in einer Pfanne heiß werden lassen und den Knoblauch darin 1 Minute braten, aber nicht braun werden lassen. Anschließend die Brotwürfel darin etwa 3 Minuten unter Rühren goldbraun braten. Die Hitze reduzieren, die Kräuter darüber streuen und etwa 1 Minute mitbraten. Die Brotwürfel herausnehmen, abtropfen lassen und beiseite stellen. Die marinierten Filetscheiben auf dem Rucola-Tomaten-Salat verteilen und den Parmesan darüber hobeln. Mit den restlichen Tomatenvierteln und den Croûtons bestreuen und servieren.

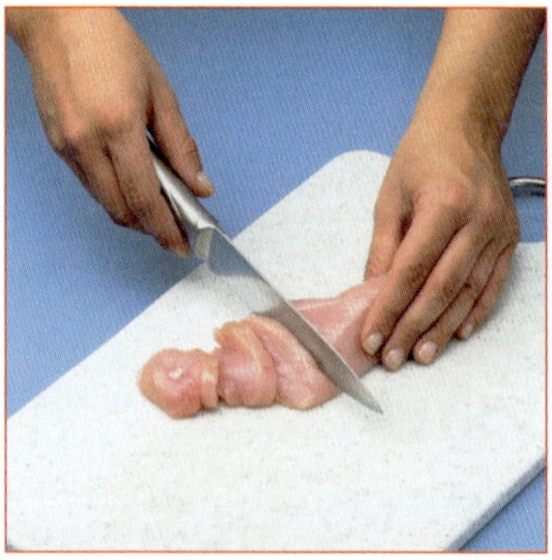

Knackig frischer Fenchel-Apfel-Salat

ZUTATEN FÜR 6 PERSONEN

3 kleine Fenchelknollen
3 rote Äpfel
2 Orangen
150 g Sahnejoghurt
1 EL Tomatenketschup
1 unbehandelte Zitrone
1 TL Zucker

Zubereitungszeit ca. 25 Min.
Pro Portion ca. 107 kcal / 449 kJ
E 4 g, F 2 g, KH 18 g

1 Die Fenchelknollen putzen, waschen und halbieren, anschließend in sehr feine Streifen schneiden. Das Fenchelgrün waschen, trockenschütteln und fein hacken. Die Äpfel waschen, vierteln, das Kerngehäuse entfernen und die Äpfel klein würfeln. Die Orangen schälen, die weiße Haut dabei mitentfernen. Die Orangenfilets zwischen den Trennhäuten herausschneiden und das Fruchtfleisch in Würfel schneiden.

2 Für die Sauce den Joghurt und den Ketschup verrühren. Die Zitrone heiß abwaschen, abtrocknen und die Schale abreiben. Die Zitrone anschließend auspressen. Den Zitronensaft mit der Zitronenschale und dem Zucker zur Sauce hinzufügen und so lange darunter rühren, bis sich der Zucker aufgelöst hat.

3 Die Fenchelstreifen, die Apfelstücke und die Orangenfilets miteinander vermischen. Die Sauce über die Salatzutaten geben und alles sorgfältig miteinander vermischen. Den Salat anrichten und mit dem fein gehackten Fenchelgrün bestreuen.

Italienischer Kartoffelsalat

1 Die Kartoffeln pellen und in Würfel schneiden. Die Fleischbrühe erhitzen. Für die Salatsauce die Zwiebeln schälen, fein würfeln und mit der heißen Fleischbrühe verrühren. Das Öl mit dem Essig und dem Senf darunter rühren und mit Salz und Pfeffer abschmecken. Die heiße Sauce mit den Kartoffeln vermengen und etwa 10 Minuten durchziehen lassen.

2 Inzwischen die Tomaten und die Salatgurke waschen und abtrocknen. Die Gurke in dünne Scheiben schneiden. Bei den Tomaten den Stielansatz entfernen und die Früchte in Scheiben schneiden. Die Peperoni putzen, waschen, halbieren, entkernen, die weiße Haut entfernen und die Schote sehr fein würfeln.

3 Alle Zutaten zu den Kartoffeln hinzufügen und miteinander vermischen. Den Salat noch einmal abschmecken. Die Kapern abspülen und klein hacken. Den Salat mit den Kapern und den Sardellenfilets garnieren und servieren.

ZUTATEN FÜR 6 PERSONEN

1 kg gegarte Pellkartoffeln
400 ml Fleischbrühe (Instant)
2 Zwiebeln
6 EL Öl
6 EL Weißwein-Essig
3 TL Senf
Salz
Pfeffer
4 Tomaten
1 Salatgurke
1 Peperoni
Zum Garnieren:
1 EL Kapern
1 EL Sardellenfilets

Zubereitungszeit ca. 25 Min.
Pro Portion ca. 220 kcal / 924 kJ
E 8 g, F 7 g, KH 29 g

Champignon-Rucolasalat

ZUTATEN FÜR 4 PERSONEN

200 g Champignons
2 Knoblauchzehen
2 kleine Zwiebeln
150 g Rucola
1 gelbe Paprikaschote
3 EL Balsamessig
Salz
Pfeffer
6 EL Olivenöl
2 Tomaten
3 EL Sahnequark
2 EL edelsüßes Paprikapulver

Zubereitungszeit ca. 25 Min.
Pro Portion ca. 143 kcal / 600 kJ
E 5 g, F 11 g, KH 6 g

1 Die Champignons sauber bürsten, je nach Größe kleiner schneiden. Den Knoblauch und die Zwiebeln schälen und fein hacken. Den Rucola putzen, die groben Stiele entfernen, die Blätter waschen, trockenschütteln und in Streifen schneiden. Die Paprika putzen, halbieren, entkernen, waschen und in Streifen schneiden.

2 Für die Vinaigrette den Balsamessig mit Salz, Pfeffer und 4 Esslöffel Olivenöl kräftig verschlagen. Den Rucola damit vermischen. Die Champignons, Paprika und Zwiebeln in dem restlichen Olivenöl andünsten, Knoblauch 1 Minute mitdünsten lassen. Mit Salz und Pfeffer würzen und warm halten.

3 Die Tomaten 30 Sekunden mit kochendem Wasser überbrühen, häuten, entkernen und klein würfeln. Den Salat anrichten, Pilze darüber verteilen. Mit den Tomatenwürfeln dekorativ bestreuen und servieren. Den Quark mit dem Paprikapulver verrühren, mit Salz und Pfeffer würzen und als Dip dazu servieren.

Lauwarmer Kartoffelsalat mit Rucola und Speck

1 Die noch warmen Kartoffeln pellen, in dünne Scheiben schneiden und in eine Schüssel geben. Den Speck klein würfeln und in einer Pfanne kross ausbraten. Herausnehmen und auf einem Küchentuch abtropfen lassen.

2 Die Zwiebel schälen, in Ringe schneiden und in dem Bratenfett glasig dünsten. Den Zitronensaft und den Essig hinzugeben, unterrühren und alles heiß über die Kartoffeln gießen. Die Sahne mit dem Senf und etwas Salz und Pfeffer verquirlen. Zu den Kartoffeln hinzugeben und sorgfältig damit vermischen.

3 Den Rucola putzen, grobe Stiele entfernen, waschen und trockenschütteln. Den Rucola in Streifen schneiden, mit dem Öl vermischen und unter den Kartoffelsalat heben. Den Schnittlauch waschen, trockenschütteln und in feine Röllchen schneiden. Schnittlauch und Speckwürfel über den Salat streuen, den Salat lauwarm servieren.

ZUTATEN FÜR 4 PERSONEN

800 g gegarte Pellkartoffeln
150 g durchwachsener Bauchspeck
1 Zwiebel
Saft von 1/2 Zitrone
2–3 EL Weinessig
5 EL süße Sahne
1 TL scharfer Senf
Salz
frisch gemahlener schwarzer Pfeffer
100 g Rucola, 1 EL Rapsöl
1/2 Bund Schnittlauch

Zubereitungszeit ca. 20 Min.
Pro Portion ca. 258 kcal / 1082 kJ
E 12 g, F 8 g, KH 33 g

Erdbeer-Melonensalat mit Bündner Fleisch

ZUTATEN FÜR 4 PERSONEN

200 g Rucola
2 Netzmelonen (ca. 500 g)
100 g Erdbeeren
50 g Bündner Fleisch
5 EL Limetten- oder Zitronensaft
Salz
Pfeffer
Zucker
60 ml Öl

Zubereitungszeit ca. 30 Min.
Pro Portion ca. 338 kcal / 1418 kJ
E 4 g, F 32 g, KH 8 g

1 Die Rucola waschen, trockenschütteln und eventuell etwas kleiner zupfen. Die Melonen halbieren und entkernen. Mit einem Kugelausstecher möglichst viele Kugeln aus dem Fruchtfleisch ausstechen.

2 Die Erdbeeren putzen, waschen und entkelchen. Je nach Größe die Erdbeeren halbieren oder vierteln. Das Bündner Fleisch in etwa 3 cm breite Streifen schneiden.

3 Aus dem Limetten- oder Zitronensaft, Salz, Pfeffer, 1 Prise Zucker und dem Öl eine Vinaigrette rühren. Die Melonenkugeln mit den halbierten oder geviertelten Erdbeeren und der Rucola mischen und die Vinaigrette unterziehen. Alles auf einer Platte anrichten und das Bündner Fleisch locker auf dem Salat verteilen.

Pikanter Rettichsalat

1 Die Rettichblätter von dem weißen Rettich entfernen. Den Rettich gründlich waschen, aber nicht schälen oder schaben. Mit einem Gemüsehobel in sehr dünne Scheiben hobeln.

2 Für die Vinaigrette den Senf mit dem Weißweinessig, Salz und Pfeffer so lange rühren, bis sich das Salz restlos aufgelöst hat. Dann das Öl kräftig darunter schlagen. Die Vinaigrette mit den Rettichscheiben sorgfältig vermischen und kurz durchziehen lassen. Den Salat pikant abschmecken.

3 Den Schnittlauch waschen, trockenschütteln und mit der Haushaltsschere in sehr feine Röllchen schneiden. Die Sesam- oder Senfkörner in einer Pfanne ohne Fett leicht rösten. Vorsicht, die Körner springen leicht aus der Pfanne. Den Salat mit den Schnittlauchröllchen und den gerösteten Körnern bestreut servieren.

ZUTATEN FÜR 4 PERSONEN

1 weißer Rettich
1 TL feinwürziger Senf
2 EL Weißweinessig
Salz
Pfeffer
3 EL Sonnenblumenöl
1 Bund Schnittlauch
2 EL Sesam- oder Senfkörner

Zubereitungszeit ca. 15 Min.
Pro Portion ca. 86 kcal / 361 kJ
E 1 g, F 9 g, KH 1 g

Tomatencarpaccio mit Mozzarella

1 Für die Sauce die Sardellenfilets abtropfen lassen und mit dem Senf in einer kleinen Schüssel mit einer Gabel zerdrücken. Den Pfeffer in den Weißweinessig mahlen und mit etwa 5 Esslöffel Olivenöl zu den Sardellen geben. Alles kräftig rühren, damit die Sauce schön cremig wird.

2 Die Schalotten schälen und fein würfeln. Den Thymian waschen, trockenschütteln und 1 Zweig zur Seite legen. Die Blätter der beiden restlichen Thymianzweige von den Stielen streifen. Die Oliven entsteinen und zusammen mit den Thymianblättchen fein hacken. Den Mozarella fein würfeln. Das Toastbrot entrinden und mit den Händen etwas zerkrümeln. Den Knoblauch schälen.

3 In einer Pfanne das restliche Olivenöl mit dem Knoblauch vorsichtig erhitzen. Den Knoblauch aus der Pfanne nehmen. Die Toastbrotbrösel hineingeben und unter ständigem Rühren goldbraun und knusprig braten. Ein Sieb mit Küchenpapier auslegen. Die fertigen Brösel darin abtropfen lassen. Die Tomaten waschen, die Stielansätze entfernen und die Tomaten in dünne Scheiben schneiden. Auf einer Platte anrichten. Gleichmäßig mit der Sauce beträufeln und mit dem Oliven-Thymian-Gemisch und den Mozarellawürfeln bestreuen. Zum Schluss die knusprigen Brösel darüber verteilen und mit dem restlichen Thymian garniert servieren.

ZUTATEN FÜR 4 PERSONEN

2 Sardellenfilets in Öl
2 TL Senf
Pfeffer aus der Mühle
2 EL Weißweinessig
8 EL kalt gepresstes Olivenöl
2 Schalotten
3 Zweige Thymian
5 grüne Oliven
5 schwarze Oliven
2 Kugeln Mozarella
4 Scheiben Toastbrot
1 Knoblauchzehe
750 g Fleischtomaten

Zubereitungszeit ca. 20 Min.
Pro Portion ca. 445 kcal / 1869 kJ
E 23 g, F 27 g, KH 28 g

Avocado-Möhren-Salat

ZUTATEN FÜR 4 PERSONEN

250–300 g gemischter Salat (z.B. Eissalat, Radicchio)
1 Avocado, 1 EL Zitronensaft
2 mittelgroße Möhren
200 g gekochter Schinken
3 Frühlingszwiebeln
100 ml Italienisches Salatdressing (a. d. Glas)
1 TL Sojasauce
roter Pfeffer aus der Mühle
1 Stück frische Ingwerwurzel (ca. 15 g), Salz
3–4 Zweige Koriandergrün
1 EL geröstete Erdnüsse

Zubereitungszeit ca. 25 Min.
Pro Portion ca. 250 kcal / 1050 kJ
E 15 g, F 19 g, KH 6 g

1 Den Salat waschen und trockenschleudern. Die Avocado halbieren, schälen, entkernen und in kleine Stücke schneiden. Mit Zitronensaft beträufeln. Die Möhren schälen, waschen und in sehr dünne Streifen schneiden. Den Schinken würfeln. Die Frühlingszwiebeln putzen, waschen und in etwa 1/2 cm lange Stücke schneiden.

2 Für die Sauce das Italienische Dressing mit der Sojasauce und mit viel grob geschrotetem Pfeffer verrühren. Den Ingwer schälen, sehr fein schneiden und dazugeben. Die Sauce mit etwas Salz abschmecken.

3 Die Sauce über die Salatzutaten geben und alles vorsichtig miteinander vermischen. Das Koriandergrün waschen und trockenschütteln. Die Blättchen von den Stielen zupfen und über den Salat streuen. Die Erdnüsse klein hacken und ebenfalls über den Salat streuen. Den Salat servieren.

Thailändischer Kohlsalat

1 Die Nudeln brechen und in kochendem Salzwasser in 3–4 Minuten nur gar ziehen lassen. Sofort abschrecken und abtropfen lassen. Die Möhren schälen, waschen und in sehr dünne Scheiben hobeln. Die Paprikaschote putzen, waschen, halbieren, entkernen und klein würfeln. Den Chinakohl putzen, waschen und fein hobeln. Die Zitrone auspressen. Die Nektarinen schälen, entsteinen, in schmale Spalten schneiden und sofort mit etwa 2–3 Esslöffeln Zitronensaft beträufeln. Den Kürbis abtropfen lassen, sehr fein würfeln und zur Seite stellen.

2 Für das Dressing den Joghurt mit dem Orangensaft und einer kleinen Prise Kurkuma verrühren. Den Ingwer schälen und sehr fein würfeln oder reiben. Den Dill waschen und trockenschütteln. Etwa 1/2 Esslöffel Dillspitzen zusammen mit dem Senf und dem Ingwer unter das Dressing rühren. Mit Salz und Pfeffer würzen.

3 Nudeln, Nektarinen, Paprika, Möhren und den Chinakohl miteinander vermischen. Das Dressing erst kurz vor dem Servieren unterziehen. Die Kürbiswürfel darüber streuen.

ZUTATEN FÜR 4 PERSONEN

150 g Glasnudeln
Salz
200 g Möhren
1 gelbe Paprikaschote
250 g Chinakohl
1 Zitrone, 2 reife Nektarinen
100 g Kürbis,
süß-sauer eingelegt (a. d. Glas)
150 g Vollmilch-Joghurt
100 ml Orangensaft
Kurkuma
1 Stück Ingwerwurzel (ca. 30 g)
2 Zweige Dill, 2 EL süßer Senf

Zubereitungszeit ca. 30 Min.
Pro Portion ca. 258 kcal / 1082 kJ
E 9 g, F 3 g, KH 44 g

Bunter Linsensalat

ZUTATEN FÜR 4 PERSONEN

2 Tomaten
50 g Rucola oder Feldsalat
2 Möhren
2 kleine Stangen Porree
1 Stange Staudensellerie
1 Zwiebel
50 ml Olivenöl
150 g kleine braune und rote Linsen
100 ml Fleischbrühe (Instant)
1 Schuss Essig
100 ml Weißwein
Zucker, Currypulver, Salz, Pfeffer

Zubereitungszeit ca. 25 Min.
Pro Portion ca. 315 kcal / 1323 kJ
E 14 g, F 14 g, KH 27 g

1 Die Tomaten waschen, von den Stielansätzen befreien, kreuzweise einschneiden und einige Minuten mit kochendem Wasser überbrühen, bis sich die Haut löst. Mit kaltem Wasser sofort abschrecken, häuten und vierteln. Die Kerne entfernen und das Fruchtfleisch klein würfeln. Die Rucola oder den Feldsalat waschen und trockenschleudern.

2 Die Möhren, den Porree und den Staudensellerie putzen und waschen. Die Zwiebel schälen. Den Porree in dünne Ringe schneiden. Die Möhren, den Sellerie und die Zwiebel in kleine Würfel schneiden.

3 Das Öl in einer Pfanne erhitzen und das klein geschnittene Gemüse darin andünsten. Die Linsen und die Tomatenwürfel hinzufügen und kurz mitdünsten. Mit der Fleischbrühe ablöschen und alles etwa 6–8 Minuten köcheln lassen. Die Linsen sollen noch Biss behalten. Nach Geschmack Essig und den Weißwein dazugeben. Den bunten Linsensalat mit Zucker, Curry, Salz und Pfeffer abschmecken. Erkalten lassen, die Rucola unterheben und servieren.

Buttermilch-Kartoffelsalat

1 Für das Dressing die Mayonnaise mit der Buttermilch und dem Senf schön dickflüssig rühren. Die Knoblauchzehen schälen, in das Dressing pressen und verrühren. Die Sauce mit Salz und Pfeffer sehr pikant abschmecken.

2 Die Eier etwa 10 Minuten hart kochen, abschrecken und pellen. Den Staudensellerie putzen, waschen und in feine Scheiben schneiden. Die Paprika putzen, waschen, halbieren, entkernen und klein würfeln. Die Frühlingszwiebeln putzen, waschen und in etwa 1 cm lange Stücke schneiden. Die Mixed Pickles abtropfen lassen, den Sud auffangen und die Mixed Pickles klein würfeln. Die Möhre schälen, waschen und grob hobeln. Die Kartoffeln pellen und in dünne Scheiben schneiden.

3 Die erkalteten Eier in Scheiben schneiden. Zusammen mit dem vorbereiteten Gemüse zum Dressing geben und alles vorsichtig vermischen. Etwas von dem zur Seite gestellten Mixed Pickles-Sud hinzugeben, damit der Salat geschmeidiger wird. Den Salat für mindestens 4 Stunden, besser über Nacht, kalt stellen.

ZUTATEN FÜR 4 PERSONEN

5–6 EL Mayonnaise
3–4 EL Buttermilch
2 TL Senf
2 Knoblauchzehen
Salz, Pfeffer, 4 Eier
3 Stangen Staudensellerie
1 rote Paprikaschote
1 gelbe Paprikaschote
4 Frühlingszwiebeln
1 kleines Glas Mixed Pickles (425 ml)
1 große Möhre
1,2 kg gegarte Pellkartoffeln

Zubereitungszeit ca. 30 Min.
(plus mind. 4 Std. Wartezeit)
Pro Portion ca. 440 kcal / 1848 kJ
E 18 g, F 14 g, KH 57 g

Fruchtiger Spargelsalat

ZUTATEN FÜR 4 PERSONEN

500 g weißer Spargel
1/2 TL Salz
1 Prise Zucker
1/2 TL Butter
125 g frische Erdbeeren
2 Scheiben Ananas (a. d. Dose)
2 Pfirsichhälften (a. d. Dose)
8 Salatblätter
200 g Crème fraîche
3 EL süße Sahne
1 EL Ananassaft
1 EL Pfirsichsaft
1 EL Spargelsud
1 EL Erdbeerlikör

Zubereitungszeit ca. 30 Min.
Pro Portion ca. 216 kcal / 908 kJ
E 4 g, F 18 g, KH 9 g

1 Den Spargel vom Kopf aus nach unten schälen, die Enden abschneiden und den Spargel in Stücke schneiden. 1 Liter Wasser mit Salz, Zucker und Butter zum Kochen bringen. Den Spargel darin etwa 15 Minuten garen, vorsichtig herausnehmen, auf einem Küchentuch abtropfen und auskühlen lassen.

2 Die Erdbeeren waschen, gut abtropfen lassen, entstielen und in Viertel schneiden. Die Ananas und die Pfirsiche in Stücke schneiden. Den Salat waschen und trockenschütteln. Das Obst mit dem ausgekühltem Spargel vorsichtig mischen und auf mit den Salatblättern ausgelegten Teller anrichten.

3 Die Crème fraîche mit der Sahne, dem Fruchtsaft und dem Spargelsud verrühren und mit dem Erdbeerlikör abschmecken. Die Creme auf dem Salat verteilen und servieren.

Rot-grüner Spargelsalat

1 Den Spargel nur am unteren Drittel, von oben nach unten schälen, die Enden abschneiden und den Spargel in Stücke schneiden. 1 Liter Wasser mit 1/2 Teelöffel Salz, 1 Prise Zucker und Butter zum Kochen bringen. Den Spargel darin etwa 15 Minuten garen, vorsichtig herausnehmen, auf einem Küchentuch abtropfen und auskühlen lassen.

2 Die Tomaten waschen, abtrocknen, den Stielansatz entfernen und die Tomaten in Scheiben schneiden. Den Spargel mit den Tomaten auf Tellern anrichten.

3 Den Essig und 250 ml Wasser miteinander verrühren und mit Salz und Zucker würzen. Das Öl darunter schlagen und die Vinaigrette über dem Gemüse verteilen. Die Kräuter waschen, trockenschütteln, fein hacken, über den Salat streuen und den Salat servieren.

ZUTATEN FÜR 4 PERSONEN

500 g grüner Spargel
Salz
Zucker
1/2 TL Butter
500 g Tomaten
2 EL Balsamico-Essig
4 EL Olivenöl
1/2 Bund Petersilie
1/2 Bund Basilikum
1/2 Bund Schnittlauch

Zubereitungszeit ca. 20 Min.
Pro Portion ca. 82 kcal / 344 kJ
E 4 g, F 3 g, KH 9 g

Raffiniertes Fingerfood und Vorspeisen

Zucchinitürmchen an Rucola

ZUTATEN FÜR 4 PERSONEN

150 g Rucola
5 EL Olivenöl
3 EL Rotweinessig
1 Msp. Zitronenschale
Salz
Pfeffer
1 TL Honig
2 mittelgroße Zucchini
400 g Ziegenkäse
1 Baguette

Zubereitungszeit ca. 30 Min.
Pro Portion ca. 338 kcal / 1418 kJ
E 30 g, F 19 g, KH 11 g

1 Den Rucola putzen, die groben Stiele entfernen, die Blätter waschen und trockenschütteln. Für die Vinaigrette 3 Esslöffel Olivenöl mit dem Rotweinessig und der geriebenen Zitronenschale mixen. Mit Salz, Pfeffer und dem Honig abschmecken. Den Rucola damit sorgfältig vermischen, so dass alle Blätter damit benetzt sind.

2 Die Zucchini waschen, von den Stielansätzen befreien und in etwa 1 cm dicke Scheiben schneiden. Den Backofen auf 200 °C vorheizen. Den Ziegenkäse in etwa 1 cm dicke Scheiben schneiden. Das restliche Olivenöl in einer Pfanne stark erhitzen, die Zucchinischeiben darin von beiden Seiten etwa 1 Minute braten. Sie sollen nur leicht braun werden. Zucchinischeiben herausnehmen und mit Salz und Pfeffer würzen.

3 Die angedünsteten Zucchinischeiben mit den Ziegenkäsescheiben auf einem mit Backpapier belegtem Backblech stapeln. Im Backofen bei 200 °C etwa 5 Minuten backen lassen, bis der Käse anfängt zu verlaufen. Inzwischen den Rucola auf Tellern anrichten, die Zuccchinitürmchen darauf anrichten. Das Baguette in Scheiben schneiden und dazu servieren.

Feigen im Schinkenmantel

ZUTATEN FÜR 6 PERSONEN

6 reife Feigen
12 dünne Scheiben Schinken (à ca. 10 g)
100 g Parmesan
frisch gemahlener schwarzer Pfeffer
24 Holzstäbchen

Zubereitungszeit ca. 20 Min.
Pro Portion ca. 124 kcal / 519 kJ
E 10 g, F 8 g, KH 3 g

1 Die Feigen waschen, abtrocknen und vierteln. Den Schinken der Länge nach in 2 Streifen schneiden. Mit dem Gemüseschäler 24 große Scheiben von dem Parmesan abhobeln.

2 Jeweils 1 Parmesanscheibe quer auf 1 Schinkenstreifen legen. Darauf je 1 Feigenviertel legen und mit etwas frisch gemahlenem Pfeffer bestreuen. Das Feigenviertel in den Schinken einrollen und mit einem Holzstäbchen feststecken.

3 Kurz vor dem Servieren die Feigen im Schinkenmantel auf einer Platte anrichten und einige sehr dünne Scheiben von dem Parmesan darüber hobeln.

Geröstete Brotstangen mit Tapenade

1 Den Backofen auf 200 °C vorheizen. Den Knoblauch schälen, durchpressen und mit dem Öl verrühren. Jedes der Fladenbrote in 5 bis 6 Streifen schneiden. Die Enden der Streifen abschneiden und die Streifen längs aufschneiden.

2 Die Streifen mit der aufgeschnittenen Seite nach oben auf ein Backblech legen und mit der Öl-Knoblauch-Mischung gleichmäßig bestreichen. Anschließend mit dem Thymian, dem Salz und dem Pfeffer bestreuen. Im vorgeheizten Backofen bei 200 °C in etwa 10 Minuten goldbraun backen.

3 Inzwischen für die Tapenade die Oliven, die abgetropften Kapern und den Sardellenfilets im Mixer fein pürieren. Den Zitronensaft, das Öl und den Cognac hinzufügen und darunter rühren. Die Tapenade mit Salz und Pfeffer abschmecken. Die Brotstangen mit etwas Tapenade bestreichen und warm oder kalt servieren.

ZUTATEN FÜR 6 PERSONEN

2 Knoblauchzehen
4 EL Olivenöl
3 kleine Fladenbrote
1 1/2 TL getrockneter Thymian
1 TL grobes Meersalz
1 TL frisch gemahlener schwarzer Pfeffer

Für die Tappenade:

100 g entsteinte schwarze Oliven
1 EL Kapern
3 Sardellenfilets in Öl
1 EL Zitronensaft
1 EL Olivenöl
1–2 EL Cognac
Salz, Peffer

Zubereitungszeit ca. 20 Min.
(plus ca. 10 Min. Backzeit)
Pro Portion ca. 222 kcal / 931 kJ
E 5 g, F 17 g, KH 14 g

Pikante Empanaditas

1 Den Blätterteig auf einer mit wenig Mehl bestäubten Arbeitsfläche antauen lassen. Den Backofen auf 220 °C vorheizen. Inzwischen für die Füllung die Knoblauchzehen und die Zwiebel schälen und fein hacken. Das Öl in einer Pfanne erhitzen und die Zwiebel und den Knoblauch etwa 2 Minuten unter Rühren darin glasig andünsten. Die Zwiebel-Knoblauchwürfel aber nicht braun werden lassen. Das Mett hinzufügen, etwas zerpflücken und alles etwa 5 Minuten weiterbraten, bis das Mett krümelig wird. Die Oliven entkernen, anschließend klein hacken und mit dem Tomatenmark, dem Tomatensaft und den Rosinen zum Mett geben.

2 Die Hitze etwas reduzieren und so lange köcheln lassen, bis die Mischung dicklich wird. Alles mit Salz und Pfeffer pikant würzen und etwas abkühlen lassen. Inzwischen den Blätterteig auf etwas Mehl um etwa die Hälfte flacher ausrollen und in 18 gleich große Stücke schneiden. Das Ei trennen. Das Eigelb mit der Milch verquirlen und beiseite stellen. Das Eiweiß ebenfalls verquirlen.

3 Die Füllung gleichmäßig auf die Teigstücke verteilen. Den Rand der Teigstücke sorgfältig mit dem verquirltem Eiweiß bestreichen und jedes Teigstück zu einem Dreieck zusammenschlagen. Mit den Fingerspitzen die Nahtstelle fest wellig eindrücken. Die Empanaditas auf ein mit Wasser abgespültes Backblech legen, mit dem verquirltem Eigelb bestreichen und auf der mittleren Schiene des vorgeheizten Backofens bei 220 °C etwa 15 Minuten backen. Dazu schmeckt z.B. ein scharfes Chili-Relish als Dip.

ZUTATEN FÜR 6 PERSONEN

300 g Tk-Blätterteig
etwas Mehl für die Arbeitsfläche und zum Ausrollen
2 Knoblauchzehen
1 Zwiebel
1 EL Öl
200 g Schweinemett
1 EL grüne Oliven
1 TL Tomatenmark
125 ml Tomatensaft
2 EL Rosinen
Salz
frisch gemahlener schwarzer Pfeffer
1 Ei
1 EL Milch
3 EL Chili-Relish

Zubereitungszeit ca. 20 Min.
(plus ca. 15 Min. Backzeit)
Pro Portion ca. 385 kcal / 1617 kJ
E 8 g, F 31 g, KH 18 g

Dillküchlein mit Zitronencreme

ZUTATEN FÜR 6 PERSONEN

60 g Mehl (Type 405)
1/4 TL Backpulver
1/4 TL Salz
1 Ei
3 EL Milch
1 Bund Dill
1 EL Öl
1 unbehandelte Zitrone
125 g Crème fraîche
100 g Lachskaviar

Zubereitungszeit ca. 30 Min.
Pro Portion ca. 148 kcal / 623 kJ
E 6 g, F 9 g, KH 10 g

1 Das Mehl mit dem Backpulver, dem Salz, dem Ei und der Milch zu einem glatten Teig verrühren. Den Dill waschen, trockenschütteln und die Blättchen von den Stielen zupfen. 2/3 der Blättchen fein hacken, zur Teigmasse hinzufügen und darunter rühren. Den Rest beiseite stellen.

2 Das Öl in einer Pfanne erhitzen. Darin aus dem Teig portionsweise etwa 18 kleine Pfannkuchen von beiden Seiten etwa 1 bis 2 Minuten backen. Die Pfannkuchen herausnehmen und etwas abkühlen lassen.

3 Inzwischen für die Zitronencreme die Zitrone heiß abwaschen, abtrocknen und etwa 1 Teelöffel von der Schale abreiben. Die Zitrone anschließend halbieren und auspressen. Etwa 1 Esslöffel Zitronensaft abmessen und mit der geriebenen Zitronenschale und der Crème fraîche verrühren. Je 1 Teelöffel Creme auf ein Dillküchlein setzen und den Kaviar darauf verteilen. Von dem restlichen Dill kleine Zweiglein abzupfen. Die Dillküchlein damit garnieren und servieren.

Räucherlachs im Crêpes-Beutel

1 Das Mehl mit dem Salz, dem Ei und der Milch zu einem glatten Teig verrühren. Abgedeckt etwa 10 Minuten ruhen lassen. Inzwischen für die Füllung den Lachs sehr fein hacken. Den Schnittlauch waschen, trockenschütteln und, bis auf 18 Stängel, in feine Röllchen schneiden.

2 Etwa 100 ml Wasser zum Kochen bringen und die Schnittlauchstängel damit etwa 30 Sekunden überbrühen. Anschließend die Halme sofort in kaltes Wasser tauchen und abtropfen lassen. Die Butter in einer Pfanne erhitzen. Darin nacheinander aus dem Teig 30 Crêpes mit einem Durchmesser von etwa 12 cm von jeder Seite etwa 30 Sekunden backen, dann etwas abkühlen lassen.

3 Die Crêpes mit der Mascarpone bestreichen. Den fein gehackten Lachs darauf verteilen. Den Rand eines jeden Plätzchens mit den Fingern hochziehen und zu einem Beutel zusammenfassen. Jeden Crêpes-Beutel mit je 1 Schnittlauchhalm zubinden und servieren.

ZUTATEN FÜR 6 PERSONEN

60 g Mehl (Type 405)
1/2 TL Salz
1 Ei
150 ml Milch
250 g Räucherlachs
1/2 Bund Schnittlauch
30 g Butter
125 g Mascarpone
frisch gemahlener schwarzer Pfeffer

Zubereitungszeit ca. 30 Min.
Pro Portion ca. 228 kcal / 959 kJ
E 13 g, F 16 g, KH 9 g

Röstbrot mit Hühnerleber

ZUTATEN FÜR 6 PERSONEN

200 g Hühnerleber
2 Lorbeerblätter
1–2 EL Cognac
1 Ciabattabrot
2 Schalotten
4 frische Salbeiblätter
2 Stiele Rosmarin
2 EL Öl
100 g weiche Butter
50 ml Sherry
1 EL Zitronensaft
Salz
Pfeffer

Zubereitungszeit ca. 30 Min.
Pro Portion ca. 243 kcal / 1021 kJ
E 7 g, F 20 g, KH 7 g

1 Für den Belag die Leber waschen und trockentupfen, anschließend putzen und in dünne Scheiben schneiden. Die Lorbeerblätter zerbröckeln und darüber streuen. Mit dem Cognac beträufeln und etwa 5 Minuten ziehen lassen. Inzwischen das Brot in Scheiben schneiden und in einer Pfanne ohne Fett rösten.

2 Die Schalotten schälen und sehr klein würfeln. Die Salbeiblätter und den Rosmarin waschen und trockenschütteln. Das Öl mit 1 Esslöffel Butter in einer großen Pfanne erhitzen. Die Schalottenwürfel darin glasig dünsten. Die Salbeiblätter hinzugeben und etwa 1 Minute mitbraten. Anschließend die Leber hinzufügen und etwa 2 bis 3 Minuten darin braten. Mit dem Sherry und etwas Marinade ablöschen. Mit Zitronensaft, Salz und Pfeffer pikant abschmecken.

3 Die Leber-Salbei-Mischung in ein hohes Gefäß geben und mit einem Mixstab sehr fein pürieren. Anschließend die restliche weiche Butter darunter mixen. Die Lebermasse locker auf die gerösteten Brotscheiben streichen, mit etwas Rosmarin garnieren und servieren.

Oliven-Käsebällchen

ZUTATEN FÜR 6 PERSONEN

60 g Parmesan
20 entkernte grüne Oliven (a. d. Glas)
100 g Mehl (Type 405)
60 g kalte Butter, Salz
etwas Mehl für die Hände
1 Eigelb, 1 EL Milch
1 TL Mohnsamen
Backpapier

Zubereitungszeit ca. 15 Min.
(plus ca. 15 Min. Backzeit)
Pro Portion ca. 210 kcal / 882 kJ
E 5 g, F 15 g, KH 13 g

1 Den Backofen auf 180 °C vorheizen. Den Parmesan reiben. Die Oliven mit Küchenpapier trockentupfen und beiseite stellen. Das Mehl mit der Butter, dem Parmesan und 1 Prise Salz mit den Knethaken des Handrührgerätes zu einem glatten Teig verarbeiten.

2 Den Teig in 20 gleich große Teigstücke teilen. Mit bemehlten Händen je 1 Teigstück um 1 Olive legen, fest andrücken und auf ein mit Backpapier ausgelegtes Backblech legen (Ist der Teig zu weich geworden, das Backblech einige Minuten in den Kühlschrank stellen.).

3 Das Eigelb mit der Milch verquirlen. Die Oliven-Käsebällchen mit dem verquirlten Eigelb bestreichen und mit dem Mohn bestreuen. Anschließend auf der mittleren Schiene des vorgeheizten Backofens bei 180 °C etwa 15 Minuten goldgelb backen.

Mozzarella-Tomatenspieße

1 Den Mozzarella in 24 Stückchen schneiden. Die Paprika in einem Sieb abtropfen lassen, in 24 Stücke schneiden und zu den Mozzarellastückchen geben. Die Knoblauchzehe schälen und dazupressen. Das Olivenöl mit dem Zitronensaft verschlagen, den Mozzarella und die Paprika damit beträufeln und beiseite stellen.

2 Das Basilikum waschen und trockenschütteln. 24 Blättchen von den Stielen abzupfen und beiseite stellen. Das restliche Basilikum klein hacken. Die Kirschtomaten waschen, abtrocknen und je nach Größe halbieren.

3 Das gehackte Basilikum über die Mozzarella- und Paprikastücke streuen und diese gründlich darin wenden. Je 1 Kirschtomate oder 1 Kirschtomatenhälfte, 1 Basilikumblättchen, 1 Paprikastück und 1 Mozzarellastück auf ein Holzstäbchen stecken. Die Mozzarella-Tomatenspieße sofort servieren oder bis zum Servieren kühl stellen.

ZUTATEN FÜR 6 PERSONEN

3–4 Mozzarellakugeln (à 150 g)
2 in Öl eingelegte rote Paprikaschoten (a. d. Glas)
1 Knoblauchzehe
2 EL Natives Olivenöl Extra
1 EL Zitronensaft
1/2 Bund Basilikum
12–24 Kirschtomaten
grob gemahlener schwarzer Pfeffer
24 Holzstäbchen

Zubereitungszeit ca. 20 Min.
Pro Portion ca. 245 kcal / 1029 kJ
E 15 g, F 19 g, KH 3 g

Rucola-wraps

ZUTATEN FÜR 4 PERSONEN

250 g Mehl (Type 405)
Salz
4 Eier
250 ml Milch
250 ml Mineralwasser
75 g Rucola
1 Avocado
2 TL Zitronensaft
1 Knoblauchzehe
1 große Möhre
75 g grob geriebener Cheddar
200 g Kochschinken
Butterschmalz zum Braten

Zubereitungszeit ca. 25 Min.
Pro Portion ca. 633 kcal / 2657 kJ
E 33 g, F 33 g, KH 51 g

1 Das Mehl und etwas Salz in eine Schüssel geben. Nach und nach die Eier und die Milch hinzufügen und zu einem glatten Pfannkuchenteig verrühren. Das Mineralwasser hinzugießen und unterrühren. Den Teig beiseite stellen.

2 Inzwischen den Rucola putzen, die groben Stiele entfernen, die Blätter waschen und trockenschütteln und sehr fein hacken. Den klein geschnittenen Rucola zu dem Teig geben und darunter heben. Die Avocado halbieren, den Stein entfernen und das Fruchtfleisch mit einem Löffel herausschaben. Fruchtfleisch mit dem Zitronensaft fein pürieren. Den Knoblauch schälen, dazupressen und alles cremig verrühren, Masse beiseite stellen.

3 Den Backofen auf 50 °C vorheizen. In einer Pfanne etwas von dem Butterschmalz erhitzen. Aus dem Teig nach und nach kleine dünne Pfannkuchen backen und im Backofen bei 50 °C warm halten. Die Pfannkuchen mit der Avocadocreme bestreichen. Die Möhre grob raspeln. Jeweils einige Möhren- und Käseraspeln auf dem Pfannkuchen verteilen. Den Kochschinken in feine Streifen schneiden und darüber streuen. Die Pfannkuchen fest aufrollen und schräg halbieren. Nach Belieben mit einem Holzspießchen fixieren und servieren.

Käsestangen

ZUTATEN FÜR 6 PERSONEN

500 g Tk-Blätterteig
4 EL saure Sahne
Salz
Paprikapulver edelsüß
2 Eigelbe
1 EL Dosenmilch oder süße Sahne
120 g Parmesan
etwas Mehl zum Ausrollen

Zubereitungszeit ca. 15 Min.
(plus ca. 15 Min. Backzeit)
Pro Portion ca. 472 kcal / 1981 kJ
E 11 g, F 37 g, KH 24 g

1 Den Blätterteig antauen lassen. Den Backofen auf 220 °C vorheizen. Die saure Sahne mit wenig Salz und Paprikapulver verrühren und pikant abschmecken. Das Eigelb mit der Dosenmilch oder der Sahne verquirlen. Den Parmesan reiben.

2 Den Blätterteig auf einer bemehlten Arbeitsfläche um etwa die Hälfte flacher ausrollen (15 cm x 24 cm). Den Teig quer halbieren und in etwa 15 Streifen (1 cm x 12 cm) schneiden. Die Streifen mit der Saure-Sahne-Mischung bestreichen. Den Parmesan gleichmäßig auf die bestrichenen Streifen streuen.

3 Die restliche Teighälfte ebenfalls in etwa 15 Streifen (1 cm x 12 cm) schneiden. Je 1 bestreuten Streifen mit einem unbestreuten Streifen bedecken. Die Streifen anschließend nacheinander zur Spirale drehen und auf ein mit Wasser abgespültes Backblech legen. Die Käsestangen auf der mittleren Schiene des Backofens bei 220 °C etwa 10–15 Minuten goldbraun backen.

Schnelle Tapas

1 Die Eier mit der Speisestärke glatt verschlagen und mit Salz und Pfeffer würzen. Die Butter in einer Pfanne aufschäumen lassen und darin aus dem Teig nacheinander 2 dünne Omeletts backen.

2 Die Omeletts herausnehmen und etwas abkühlen lassen, anschließend dünn mit der Remoulade bestreichen und in jeweils 12 Tortenstücke schneiden. Das Basilikum waschen, trockenschütteln und 24 Blättchen von den Stielen abzupfen.

3 Die Blättchen auf die Tortenstücke verteilen. Die Schinkenscheiben halbieren. Mit je 1 halbierten Schinkenscheibe je 1 Tortenstück bedecken. Mit Salz und Pfeffer würzen. Die spitzen Tortenecken umklappen und mit einem Holzspießchen zusammenstecken.

ZUTATEN FÜR 6 PERSONEN

4 Eier
30 g Speisestärke
Salz, Pfeffer
2 EL Butter
2–3 EL Remoulade
3–4 Stiele Basilikum
12 Scheiben dünn geschnittener Parmaschinken (à ca. 10 g)
24 Holzstäbchen

Zubereitungszeit ca. 25 Min.
Pro Portion ca. 131 kcal / 548 kJ
E 8 g, F 9 g, KH 5 g

Pumpernickel mit Forellentatar

1 2 Zitronen kräftig auf der Arbeitsfläche rollen, anschließend halbieren und auspressen. Von dem Zitronensaft 6 Esslöffel Zitronensaft abmessen (eventuell die 3 Zitrone auch noch auspressen) und mit dem Meerrettich verrühren. Das Forellenfilet falls notwendig häuten, in kleine Würfel schneiden und mit einer Gabel vorsichtig mit der Meerrettich-Zitronensauce vermischen.

2 Den Staudensellerie putzen, waschen und die langen Fäden mit einem Sparschäler entfernen. Die Stangen in sehr feine Würfel schneiden. Die Lauchzwiebeln ebenfalls putzen, waschen und in sehr feine Ringe schneiden. Die Peperoni putzen, waschen, halbieren, entkernen und sehr klein schneiden. Die Staudenselleriewürfel mit den Lauchringen und den Peperoniwürfeln zur Fischmasse hinzugeben und alles vorsichtig, aber gründlich vermischen.

3 Die weiche Butter mit etwas Rosenpaprika verrühren, abschmecken und die Pumpernickeltaler damit bestreichen. Das Forellentatar gleichmäßig und locker darauf verteilen, eventuell leicht mit einer Gabel andrücken. Den Schnittlauch waschen, trockenschütteln und in feine Röllchen schneiden. Die Pumpernickel-Forellentaler mit den Schnittlauchröllchen garnieren und servieren.

ZUTATEN FÜR 6 PERSONEN

2–3 Zitronen
3 TL Meerrettich
300 g geräuchertes Forellenfilet
150 g Staudensellerie
3–4 Lauchzwiebeln
2 rote Peperoni
6 EL weiche Butter
Paprikapulver rosenscharf
30 Pumpernickeltaler
1 Bund Schnittlauch

Zubereitungszeit ca. 20 Min.
Pro Portion ca. 227 kcal / 952 kJ
E 13 g, F 11 g, KH 17 g

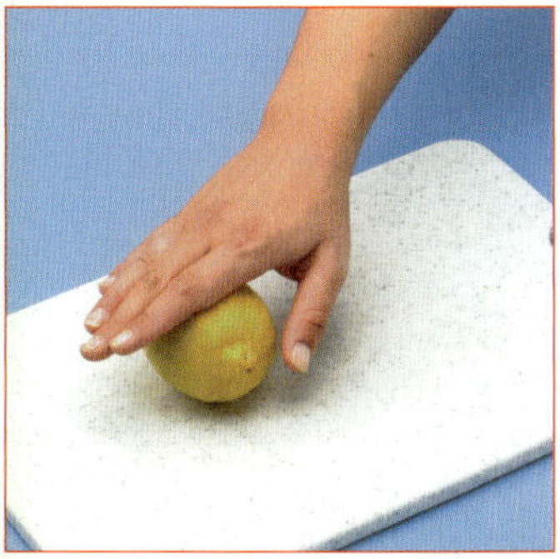

Chicoréeschiffchen

ZUTATEN FÜR 6 PERSONEN

150 g Walnusskerne
1 Bund glatte Petersilie
250 g Doppelrahm-Frischkäse
(60 % Fett i. Tr.)
1 EL süßer Sherry
Salz
Pfeffer
3 kleine Stauden Chicorée
100 g blaue Weintrauben

Zubereitungszeit ca. 20 Min.
Pro Portion ca. 322 kcal / 1350 kJ
E 9 g, F 29 g, KH 7 g

1 Die Walnusskerne, bis auf etwa 3 Esslöffel, grob hacken. Die Petersilie waschen, trockenschütteln und, bis auf einige Blättchen zum Garnieren, fein hacken. Den Frischkäse glatt rühren. Die gehackten Walnüsse, die gehackte Petersilie und den Sherry hinzufügen. Alles miteinander verrühren und mit Salz und Pfeffer abschmecken.

2 Den Chicorée putzen und die Blätter vorsichtig einzeln ablösen. Etwa 18 kleine Blätter waschen und sorgfältig abtrocknen. Die Weintrauben waschen, abtrocknen, halbieren und entkernen.

3 Jeweils etwa 1 Teelöffel Walnuss-Frischkäsemasse in die Mitte 1 Chicoréeblattes geben. Die Weintraubenhälften daneben legen und die restlichen Walnüsse auf die Käsemasse geben. Die Chicoréeschiffchen auf einer Platte anrichten und mit der restlichen Petersilie garniert servieren.

Knuspermandeln

1 Den Backofen auf 200 °C vorheizen. Ein Backblech mit Backpapier auslegen. 1 Liter Wasser zum Kochen bringen. Die Mandeln hineinschütten und etwa 3 Minuten darin stehen lassen.

2 Sobald sich die Häutchen mit den Fingern von den Mandeln abreiben lassen, das Wasser abschütten. Die Mandeln abtropfen lassen, häuten und abtrocknen. Das Eiweiß mit dem Salz langsam steif schlagen. Mit dem Currypulver kräftig würzen. Die Mandeln darunter heben und die Masse auf dem Backblech ausstreichen.

3 Auf der mittleren Schiene des Backofens bei 200 °C etwa 15 Minuten backen. Die Mandeln kurz abkühlen lassen, dann mit den Händen „zerpflücken" und zu Wein oder Bier servieren. Die Knuspermandeln halten sich in einer dicht schließenden Dose etwa 2 bis 3 Tage.

ZUTATEN FÜR 6 PERSONEN

500 g ganze Mandeln
2 Eiweiß
1 TL Salz
2–3 EL Madrascurry
Backpapier

Zubereitungszeit ca. 10 Min.
(plus ca. 15 Min. Backzeit)
Pro Portion ca. 487 kcal / 2044 kJ
E 17 g, F 45 g, KH 4 g

Eingelegte Zucchini

ZUTATEN FÜR 6 PERSONEN

700 g Zucchini, Salz
4 EL Natives Olivenöl Extra
3 Knoblauchzehen
4 EL Balsamessig
1 EL frisch gemahlener schwarzer Pfeffer
1 Bund Basilikum
2 Kugeln Mozzarella (200 g)
18 Cocktailtomaten
Backpapier
18 Holzstäbchen

Zubereitungszeit ca. 30 Min.
Pro Portion ca. 166 kcal / 696 kJ
E 8 g, F 13 g, KH 3 g

1 Den Backofen auf 250 °C vorheizen. Ein Backblech mit Backpapier auslegen. Die Zucchini putzen, waschen, von den Stielansätzen befreien und der Länge nach in 18 dünne Scheiben schneiden. Die Scheiben salzen und mit 2 Esslöffel Öl bestreichen. Auf das Backblech legen und im Backofen von jeder Seite etwa 5 Minuten goldbraun grillen.

2 Den Knoblauch schälen, durchpressen und mit dem restlichen Olivenöl, dem Essig und dem Pfeffer verrühren. Die Zucchinischeiben in eine flache Schale geben und mit der Marinade begießen. Das Basilikum waschen, trockenschütteln und die Blättchen abzupfen.

3 Den Mozzarella in Streifen schneiden und die Tomaten waschen. Die Zucchinischeiben abtropfen lassen, mit den Basilikumblättern und den Käsestreifen belegen und zusammenrollen. Die Tomaten auf die Holzstäbchen stecken und die Zucchiniröllchen damit feststecken.

Feines Fischmousse

1 Die Gelatine nach Vorschrift in kaltem Wasser einweichen. Die Zitrone auspressen. Den Fisch grob zerpflücken, mit dem Frischkäse, der Sahne und dem Zitronensaft im Mixer fein pürieren. Das Fischpüree mit Salz und Pfeffer würzen.

2 Die Gelatine ausdrücken und im heißen Wasserbad oder in der Mikrowelle vorsichtig auflösen. Etwa 1 Esslöffel Fischmousse in die aufgelöste Gelatine rühren und dann alles unter die restliche Fischmousse rühren. Etwa 15 Minuten in den Kühlschrank stellen.

3 Inzwischen die Salatblätter waschen und abtrocknen. Mit einem Esslöffel Nocken von der Fischmousse abstechen, diese auf Tellern anrichten und mit Petersilie, Salat, Limettenscheiben und getoasteten Weißbrotecken servieren.

ZUTATEN FÜR 6 PERSONEN

3 Blatt weiße Gelatine
1 Zitrone
200 g geräuchertes Fischfilet (z.B. Forelle oder Karpfen)
200 g Doppelrahm-Frischkäse
200 ml süße Sahne
Salz
Pfeffer
Zum Garnieren:
einige Blätter Lollo Bionda
etwas glatte Petersilie
Limettenscheiben
3 Scheiben Weißbrot

Zubereitungszeit ca. 30 Min.
Pro Portion ca. 262 kcal / 1099 kJ
E 12 g, F 22 g, KH 4 g

Frittierte Eier mit Tatarensoße

1 Für die Tatarensoße die Essiggurken klein würfeln. Die Zwiebel schälen und ebenfalls klein würfeln. Die Kräuter waschen und trockenschütteln. Den Kerbel von den Stielen zupfen. Den Estragon und die Petersilie fein hacken. Den Schnittlauch in feine Röllchen schneiden. Etwa 2 Esslöffel gemischte Kräuter beiseite stellen. Die Gurken und die Zwiebelwürfel mit den restlichen Kräutern vermischen.

2 Den Ketschup und den Senf zu der Gurken-Kräutermischung hinzufügen und sorgfältig darunter rühren. Alles abdecken und beiseite stellen. Das Mehl mit dem Salz in einer Schale vermischen. Die rohen Eier in einer zweiten Schale verquirlen. Die gekochten Eier schälen und sorgfältig in dem Mehlgemisch wenden. Anschließend die bemehlten Eier nacheinander in dem verquirlten Ei und in den Semmelbröseln wenden.

3 Das Öl in einem großen Topf erhitzen, der Topf darf maximal bis zur Hälfte mit dem Fett gefüllt sein. Die Eier darin portionsweise schwimmend etwa 2 bis 3 Minuten rundherum goldgelb ausbacken. Die Eier herausnehmen und auf Küchenpapier abtropfen lassen. Anschließend mit der Tatarensoße anrichten. Mit den restlichen Kräutern bestreuen und lauwarm oder kalt servieren.

ZUTATEN FÜR 6 PERSONEN

100 g Essiggurken
1 Zwiebel
1/2 Bund Kerbel
1/2 Bund Estragon
1/2 Bund Petersilie
1 Bund Schnittlauch
300 ml Ketschup
2 TL scharfer Senf
5 EL Mehl (Type 405)
1/2 TL Salz
2 Eier
12 hart gekochte Eier
6 EL Semmelbrösel

Zum Frittieren:
1 1/2 l Öl

Zubereitungszeit ca. 30 Min.
Pro Portion ca. 340 kcal / 1428 kJ
E 21 g, F 20 g, KH 21 g

Deftige Partytöpfe und Ofengerichte

Kerbelsuppe mit Lachsstreifen

ZUTATEN FÜR 6 PERSONEN

300 g Frühlingszwiebeln
3 TL Butter
3 TL Öl
1 1/4 l ml Gemüsebrühe (Instant)
300 g Kerbel
200 ml süße Sahne
Salz
Pfeffer
300 g frische Lachsfilets
2 unbehandelte Zitronen

Zubereitungszeit ca. 30 Min.
Pro Portion ca. 330 kcal / 1386 kJ
E 14 g, F 24 g, KH 13 g

1 Die Frühlingszwiebeln putzen, waschen und in feine Ringe schneiden. Die Butter und das Öl in einem Topf erhitzen. Die Zwiebeln unter Rühren darin etwa 5 Minuten glasig andünsten. Die Brühe langsam hinzugießen und alles einmal aufkochen lassen. Den Kerbel waschen, trockenschütteln und die Blättchen von den Stielen zupfen. Einige Blättchen zum Garnieren beiseite stellen. Die restlichen Blättchen fein hacken.

2 Den gehackten Kerbel zur Suppe hinzufügen, anschließend die Sahne in die Suppe rühren. Alles mit Salz und Pfeffer pikant würzen. Die Lachsfilets waschen, abtrocknen und in feine Streifen schneiden. Die Zitronen heiß abwaschen, trockenreiben und die Schale dünn abreiben. 1 Zitrone auspressen und etwa 3 Esslöffel Zitronensaft abmessen.

3 Den abgemessenen Zitronensaft mit der abgeriebenen Zitronenschale und den Lachsstreifen zur Suppe geben und darunter rühren. Alles bei schwacher Hitze etwa 4 Minuten gar ziehen lassen. Die Suppe noch einmal abschmecken und mit dem restlichen Kerbel garniert servieren.

Feurige Gyrossuppe

1 Das Öl in einer Pfanne erhitzen und das Gyrosfleisch darin anbraten. Das Fleisch herausnehmen und in einen Suppentopf geben.

2 Die Paprika putzen, waschen, halbieren, entkernen und in dünne Streifen schneiden. Die Zwiebel schälen und in Ringe schneiden, beides zu dem Gyrosfleisch hinzufügen. 1 1/4 Liter Wasser und die Sahne ebenfalls hinzufügen, das Zwiebelsuppenpulver einrühren und alles erhitzen. Den Mais, die Zigeunersauce und die Chilisauce darunter rühren und das Ganze aufkochen lassen. Die Suppe etwa 8 bis 10 Minuten gar ziehen lassen.

3 Die Petersilie waschen, trockenschütteln und fein hacken. Die Suppe mit Salz und Pfeffer pikant abschmecken. Die Petersilie darüber streuen und mit knusprigem Baguette servieren. (Die Suppe schmeckt auch aufgewärmt sehr lecker, die Petersilie erst vor dem Servieren darüber streuen.)

ZUTATEN FÜR 6 PERSONEN

600 g gewürztes Gyrosfleisch
3 EL Öl
2 rote Paprikaschoten
2 grüne Paprikaschoten
1 Gemüsezwiebel
600 ml süße Sahne
2 Pk. Zwiebelsuppe (FP)
300 g Gemüsemais (a. d. Dose)
450 g Zigeunersauce
2 EL Chilisauce
1/2 Bund frische Petersilie

Zubereitungszeit ca. 30 Min.
Pro Portion ca. 758 kcal / 3185 kJ
E 32 g, F 49 g, KH 47 g

Halloween-Überraschungstopf

ZUTATEN FÜR 6 PERSONEN

800 g Kürbisfleisch
5 Zwiebeln
4 mittelgroße Kartoffeln
3 EL Butter
150 g Rosinen, Salz
1 1/2 EL Currypulver
3–4 EL Mango Chutney
375 ml Gemüsebrühe (Instant)
6 Scheiben Kasselernacken (1 kg)
1 Zitrone

Zubereitungszeit ca. 20 Min.
(plus ca. 20 Min. Garzeit)
Pro Portion ca. 583 kcal / 2450 kJ
E 35 g, F 26 g, KH 50 g

1 Das Kürbisfleisch klein würfeln. Die Zwiebeln schälen und klein würfeln. Die Kartoffeln schälen, waschen und ebenfalls klein würfeln.

2 Die Butter in einem Topf erhitzen und die Zwiebeln darin unter Rühren glasig dünsten. Das Kürbisfleisch, die Rosinen und die Kartoffeln hinzufügen und unter Rühren etwa 5 Minuten mitdünsten. Alles mit Salz, dem Currypulver und dem Mango Chutney würzen. Die Gemüsebrühe erhitzen. Inzwischen das Kasselerfleisch waschen, abtrocknen, in mundgerechte Würfel schneiden und hinzufügen. Die heiße Brühe hinzugießen und alles etwa 20 Minuten garen.

3 Die Zitrone auspressen. Das Gericht mit Zitronensaft und Salz pikant abschmecken und evtl. in einem großen ausgehöhlten Kürbis servieren.

Fisch-Spargel-Curry

1 Die Schalotten schälen und klein würfeln. Das Basilikum waschen, trockenschütteln und die Blättchen abzupfen. Den Spargel etwas antauen lassen. Den Fisch waschen, abtrocknen und mit dem Zitronensaft beträufeln. Anschließend salzen und pfeffern und in Stücke schneiden.

2 Das Öl in einem Topf erhitzen und die Schalotten darin glasig dünsten. Den Wein und die Brühe dazugießen. Alles einmal aufkochen lassen, den Spargel hinzufügen und etwa 8 Minuten köcheln lassen. Die Tomaten kreuzweise einritzen, mit heißem Wasser überbrühen und häuten, den Stielansatz entfernen und die Tomaten würfeln.

3 Den Fisch zum Spargel dazugeben und weitere 8 Minuten garen. Nach 5 Minuten die Erbsen hinzufügen und 3 Minuten mitgaren. Die Sahne mit dem Mehl und dem Meerrettich verrühren, das Curry damit binden. Die Krabben dazugeben und das Curry abschmecken. Die Tomatenwürfel und die Basilikumblättchen darüber streuen und servieren.

ZUTATEN FÜR 6 PERSONEN

6 rote Schalotten
6 Stiele Basilikum
800 g Tk-Spargelstangen
1 kg weißes Fischfilet (z.B. Kabeljau)
6 EL Zitronensaft
Salz, Pfeffer
4 EL Öl, 300 ml Weißwein
200 ml Gemüsebrühe (Instant)
2 Tomaten
300 g Tk-Erbsen
150 ml süße Sahne
1 EL Mehl (Type 405)
3–4 EL Sahne-Meerrettich
200 g frische Krabben

Zubereitungszeit ca. 30 Min.
Pro Portion ca. 390 kcal / 1638 kJ
E 43 g, F 14 g, KH 15 g

Minutengulasch

ZUTATEN FÜR 6 PERSONEN

400 g Rinderfilet
30 g Margarine
2 kleine Zwiebeln
2 kleine rote Paprikaschoten
Zucker
Salz
frisch gemahlener schwarzer Pfeffer
Paprikapulver rosenscharf
5 Tomaten
2 Stiele Petersilie

Zubereitungszeit ca. 35 Min.
Pro Portion ca. 172 kcal / 721 kJ
E 15 g, F 10 g, KH 5 g

1 Das Rinderfilet waschen, abtrocknen, häuten und anschließend klein würfeln. Die Margarine in einem Bratentopf erhitzen und das Fleisch darin unter Rühren etwa 5 Minuten anbraten. Die Zwiebeln schälen, in Ringe schneiden, hinzufügen und etwa 3 Minuten mitdünsten.

2 Die Paprika putzen, waschen, halbieren, entkernen, klein schneiden und ebenfalls hinzufügen. Alles mit einer kräftigen Prise Zucker würzen. Anschließend salzen, pfeffern und mit Paprikapulver bestäuben. Alles etwa 15 Minuten zugedeckt schmoren lassen.

3 Inzwischen die Tomaten 30 Sekunden mit heißem Wasser überbrühen und häuten, die Haut der Tomaten vorher nicht einritzen. Den Stielansatz entfernen, die Tomaten grob würfeln und etwa 8 Minuten vor Ende der Garzeit zum Fleisch geben. Die Petersilie waschen, trockenschütteln und fein hacken. Das Gulasch abschmecken und mit der gehackten Petersilie garniert servieren.

Gemüse-Kartoffeln

1 Den Backofen auf 200 °C vorheizen. Die Kartoffeln schälen, waschen, klein würfeln und auf einem Backblech verteilen. 3 Esslöffel Öl und 1 Esslöffel Salz darüber geben. Das Backblech in den Backofen schieben und die Kartoffeln bei 200 °C etwa 15 Minuten braten, dabei zwischendurch einmal wenden.

2 Inzwischen die Paprika putzen, waschen, halbieren, entkernen und in Streifen schneiden. Die ungeschälte Knoblauchknolle waschen und ungeschält waagerecht halbieren. Die Zucchini putzen, waschen, von den Stielansätzen befreien und in dünne Streifen schneiden.

3 Alles zu den Kartoffeln geben und das restliche Öl und das restliche Salz darüber verteilen. Kräftig mit Pfeffer würzen. Den frischen Rosmarin waschen, trockenschütteln und dazugeben, getrockneten Rosmarin darüber streuen. Das Gemüse weitere 10 bis 15 Minuten backen, bis die Kartoffeln weich sind. Die Gemüse-Kartoffeln mit Kräuterquark und Blattsalat servieren.

ZUTATEN FÜR 6 PERSONEN

1,2 kg fest kochende Kartoffeln
6 EL Olivenöl
2 EL Meersalz
2 rote Paprikaschoten
1 gelbe Paprikaschote
1 Knoblauchknolle
3 kleine Zucchini
frisch gemahlener schwarzer Pfeffer
4 Rosmarinzweige oder
2 EL Rosmarinnadeln

Zubereitungszeit ca. 15 Min.
(plus ca. 40 Min. Backzeit)
Pro Portion ca. 278 kcal / 1169 kJ
E 6 g, F 13 g, KH 34 g

Schweinefilet mit Knusperkruste

1 Das Fleisch waschen und abtrocknen. Die Schalotten schälen und halbieren. Die Möhren schälen, waschen und in gleichmäßige feine Streifen schneiden. Das Butterschmalz in einer Pfanne erhitzen und die Schweinefilets von allen Seiten etwa 5 Minuten darin braten. Die Schalottenhälften mit den Möhrenstreifen zu dem Fleisch hinzufügen und unter Rühren etwa 15 Minuten mitgaren.

2 Die Schweinefilets aus der Pfanne nehmen, fest in Alufolie einwickeln und beiseite legen. Den Wein und die Brühe zu dem Gemüse hinzufügen und alles unter gelegentlichem Rühren noch etwa 10 Minuten weiterschmoren lassen. Inzwischen die Mayonnaise mit der Crème fraîche und den Eigelben verrühren. Die Knoblauchzehen schälen, zur Mayonnaise hinzupressen und damit verrühren. Die Kartoffelchips fein zerdrücken und ebenfalls darunter mischen.

3 Die Schweinefilets aus der Alufolie nehmen und auf ein Backblech legen. Die Filets mit der Kartoffelchips-Mischung gleichmäßig bestreichen, die Mischung dabei etwas andrücken. Das Backblech in den Backofen schieben und alles etwa 5 Minuten schön knusprig grillen. Das Filet auf dem Pfannengemüse anrichten und servieren.

ZUTATEN FÜR 6 PERSONEN

2 große Schweinefilets (à 400 g)
200 g Schalotten
500 g Möhren
1–2 EL Butterschmalz
125 ml Weißwein
125 ml Gemüsebrühe (Instant)
4 EL Mayonnaise (80 % Fett)
4 EL Crème fraîche
3 Eigelbe
3 Knoblauchzehen
175 g Kartoffelchips
Alufolie

Zubereitungszeit ca. 25 Min.
(plus ca. 20 Min. Garzeit)
Pro Portion ca. 347 kcal / 1456 kJ
E 14 g, F 24 g, KH 16 g

Mexikanischer Bohnentopf

ZUTATEN FÜR 6 PERSONEN

6 geräucherte Mettwürstchen
5 Zwiebeln
2 EL Öl
3 TL Tomatenmark
850 ml Kidneybohnen (a. d. Dose)
1 Pk. Kartoffelsuppe (Instant)
1 frische Chilischote
1/2 Bund Petersilie
Salz
Pfeffer
Majoran
Tabasco

Zubereitungszeit ca. 20 Min.
Pro Portion ca. 218 kcal / 917 kJ
E 14 g, F 11 g, KH 17 g

1 Die Mettwürstchen waschen, abtrocknen und in etwa 1 cm dicke Scheiben schneiden. Die Zwiebeln schälen und in Ringe schneiden. Das Öl in einem großen Topf erhitzen und die Zwiebeln darin unter Rühren etwa 3 Minuten glasig dünsten.

2 Die Mettwurstscheiben und das Tomatenmark hinzufügen und unter Rühren etwa 2 Minuten mitbraten. Die Bohnen unter fließendem Wasser gut abspülen und in einem Sieb abtropfen lassen. Anschließend zu den anderen Zutaten in den Topf geben und darunter rühren. 1 Liter Wasser hinzugießen, das Kartoffelsuppenpulver sofort hineinrühren und alles zum Kochen bringen.

3 Die Chilischote putzen, waschen, halbieren, entkernen und anschließend klein schneiden und hinzufügen. Die Petersilie waschen, trockenschütteln und klein hacken, danach unter den Bohnentopf rühren. Den Bohnentopf mit etwas Salz, Pfeffer, Majoran und einigen Spritzern Tabasco pikant abschmecken.

Pikante Klößchenpfanne

1 Den Kartoffelkloßteig nach Vorschrift zubereiten, kleine Klöße daraus formen und etwa 15 Minuten in Salzwasser ziehen lassen. Wenn die ersten Klößchen oben schwimmen, die Klößchen herausnehmen und abtropfen lassen. Den Backofen auf 200 °C vorheizen. Inzwischen aus dem Mett kleine Klößchen formen.

2 Die Zwiebeln schälen und in Ringe schneiden. Das Öl in einer Pfanne erhitzen und die Zwiebelringe darin glasig andünsten. Die Dosentomaten grob zerkleinert hinzufügen. Den Mais und das Tomatenmark dazugeben und kurz mitdünsten. Alles mit der Brühe auffüllen, mit Salz, Pfeffer und Thymian würzen und aufkochen lassen. Anschließend abschmecken.

3 Das Basilikum waschen, trockenschütteln und die Blättchen von den Stielen zupfen. Die Blättchen klein hacken. Die frischen Tomaten waschen, den Stielansatz entfernen und die Tomaten achteln. Mett- und Kartoffelklöße in eine große Auflaufform legen. Die Tomatensauce über die Klößchen verteilen und die frischen Tomatenviertel und das Basilikum darüber streuen. Alles auf der mittleren Schiene des vorgeheizten Backofens bei 200 °C etwa 20 Minuten backen.

ZUTATEN FÜR 6 PERSONEN

1 Pk. Kartoffelklößepulver (FP)
Salz
500 g Mett
500 g Zwiebeln
2 EL Öl
800 g Tomaten (a. d. Dose)
250 g Maiskörner (a. d. Dose)
100 g Tomatenmark
1 1/2 l Gemüsebrühe (Instant)
Pfeffer
getrockneter Thymian
1/2 Bund Basilikum
4 Tomaten

Zubereitungszeit ca. 30 Min.
(plus ca. 20 Min. Backzeit)
Pro Portion ca. 390 kcal / 1638 kJ
E 24 g, F 15 g, KH 39 g

Schlemmerschnitzel

ZUTATEN FÜR 6 PERSONEN

3 Zwiebeln
2 Paprikaschoten
1 EL Butterschmalz
6 Schnitzel (à ca. 150 g)
Salz, Pfeffer
Paprikapulver
300 g Champignons
150 ml trockener Weißwein
200 ml süße Sahne
150 g geraspelter Gouda

Zubereitungszeit ca. 20 Min.
(plus ca. 45 Min. Backzeit)
Pro Portion ca. 328 kcal / 1379 kJ
E 35 g, F 16 g, KH 6 g

1 Den Backofen auf 200 °C vorheizen. Die Zwiebeln schälen und in Ringe schneiden. Die Paprikaschoten putzen, waschen, halbieren, entkernen und in kleine Würfel schneiden.

2 Das Butterschmalz in einer Pfanne erhitzen, die Zwiebeln und die Paprikawürfel hinzufügen und etwa 3 Minuten darin andünsten. Anschließend in eine große Auflaufform geben. Die Schnitzel waschen und abtrocknen. Mit Salz, Pfeffer und Paprikapulver kräftig würzen und auf die Zwiebel-Paprika-Mischung geben.

3 Die Champignons abbürsten, in Scheiben schneiden und auf die Schnitzel verteilen. Den Wein mit der Sahne verrühren und alles damit begießen. Mit dem Käse bestreuen und auf der mittleren Schiene des vorgeheizten Backofens bei 200 °C etwa 45 Minuten überbacken.

Neptuns Partytopf

1 Das Fischfilet waschen, abtrocknen und in mundgerechte Würfel schneiden. Den Fisch in einen Bräter geben. Die Zitrone auspressen und den Zitronensaft über die Fischwürfel träufeln. Die Zwiebeln und die Knoblauchzehen schälen, klein würfeln und hinzufügen.

2 Den Schinkenspeck ebenfalls klein würfeln und hinzufügen. Die Ananasstücke abtropfen lassen. Die Champignons abbürsten und mit den Ananasstücken über dem Fisch verteilen. Den Porree putzen, waschen, in Ringe schneiden und darauf verteilen. Das Tomatenmark mit der Brühe und der Sahne verrühren, mit Salz und Pfeffer würzen und darüber gießen.

3 Den Bräter verschließen und alles etwa 1 Stunde im Backofen bei 180 °C garen. Zwischendurch den Topf möglichst nicht öffnen. Mit frischem Baguette servieren. (Der Fischtopf kann bereits am Vortag zubereitet und kühl gestellt werden. Am nächsten Tag nur noch vorsichtig erhitzen.)

ZUTATEN FÜR 6 PERSONEN

1 kg Fischfilet (z.B. Rotbarsch oder Kabeljau)
1 Zitrone, 3 Zwiebeln
2 Knoblauchzehen
200 g Schinkenspeck
300 g Ananasstücke (a. d. Dose)
300 g kleine Champignons
3 Stangen Porree
3 EL Tomatenmark
1 l Gemüsebrühe (Instant)
200 ml süße Sahne
Salz, Pfeffer

Zubereitungszeit ca. 20 Min.
(plus ca. 1 Std. Backzeit)
Pro Portion ca. 435 kcal / 1827 kJ
E 42 g, F 22 g, KH 15 g

Brokkoli-Gorgonzola-Cannelloni

ZUTATEN FÜR 6 PERSONEN

2 Zwiebeln
5 Knoblauchzehen
2 EL Olivenöl
1 1/2 kg Tomaten (a. d. Dose)
2 EL italienische Tk-Kräuter
Salz
Pfeffer
frisch geriebene Muskatnuss
750 g Brokkoli
300 g Gorgonzola
250 g Mozzarella
500 g Magerquark
250 g Cannelloni
50 g Parmesan

Zubereitungszeit ca. 30 Min.
(plus ca. 40 Min. Backzeit)
Pro Portion ca. 457 kcal / 1918 kJ
E 30 g, F 30 g, KH 16 g

1 Den Backofen auf 200 °C vorheizen. Für die Sauce die Zwiebeln und den Knoblauch schälen. Die Zwiebeln klein würfeln. Das Öl in einer Pfanne erhitzen und die Zwiebeln darin glasig andünsten, den Knoblauch dazupressen. Die Tomaten grob zerhacken und mit dem Tomatensaft hinzufügen. Die Kräuter darunter rühren. Alles mit Salz, Pfeffer und Muskatnuss kräftig würzen und etwa 3 Minuten köcheln lassen. Ab und zu durchrühren.

2 Inzwischen für die Füllung den Brokkoli putzen, waschen, in kleine Röschen teilen und in kochendem Salzwasser bissfest garen. Herausnehmen, abtropfen lassen und anschließend klein hacken. Den Gorgonzola und den Mozzarella klein würfeln. Den Quark mit einem Schneebesen glatt verrühren und den Gorgonzola, den Mozzarella und den Brokkoli darunter mischen. Mit Salz und Pfeffer pikant abschmecken.

3 Die Hälfte der Tomatensauce in eine große Auflaufform geben. Die Quarkmasse in einen Spritzbeutel ohne Tülle geben und vorsichtig in die Cannelloni spritzen. Die gefüllten Cannelloni nebeneinander in die Auflaufform legen. Die restliche Sauce gleichmäßig darüber verteilen. Den Parmesan reiben und alles mit dem Parmesan bestreuen. Die gefüllten Cannelloni auf der mittleren Schiene des vorgeheizten Backofens bei 200 °C etwa 40 Minuten goldbraun backen und heiß servieren.

Hähnchenpfanne Gärtnerin

ZUTATEN FÜR 6 PERSONEN

6 Hähnchenschenkel (à ca. 180 g)
700 g kleine Kartoffeln
6 Zwiebeln
6 Knoblauchzehen
3 Möhren
700 g Tomaten
2 Stangen Porree
600 g rote Paprikaschoten
1 1/2 Zitronen
100 ml Öl
Kräuter der Provence
Salz
Pfeffer

Zubereitungszeit ca. 20 Min.
(plus ca. 40 Min. Backzeit)
Pro Portion ca. 502 kcal / 2107 kJ
E 35 g, F 24 g, KH 33 g

1 Den Backofen auf 175 °C vorheizen. Die Hähnchenschenkel waschen und abtrocknen. Im Gelenk durchteilen und in die Fettpfanne des Backofens legen. Die Kartoffeln schälen, waschen und vierteln. Die Zwiebeln und den Knoblauch schälen, vierteln und zu den Kartoffeln geben.

2 Die Möhren und die Tomaten waschen. Die Möhren schälen und in Streifen schneiden. Die Tomaten vom Stielansatz befreien und vierteln. Den Porree putzen, gründlich waschen und das Weiße in Ringe schneiden. Möhren, Tomaten und Porree zu den Kartoffeln geben. Die Paprika putzen, waschen, halbieren, entkernen und anschließend klein schneiden und ebenfalls hinzufügen. Das Gemüse miteinander vermischen und in der Fettpfanne verteilen.

3 Die Zitronen auspressen und mit dem Öl und Kräutern der Provence verrühren. Das Fleisch und das Gemüse damit beträufeln. Alles mit Salz und Pfeffer würzen und auf der mittleren Schiene des vorgeheizten Backofens bei 175 °C etwa 35 bis 40 Minuten garen.

Medaillons vom Blech

1 Den Backofen auf 225 °C vorheizen. Das Fleisch waschen, abtrocknen und in etwa 2,5 cm dicke Scheiben schneiden. Das Öl in einer Pfanne erhitzen und die Scheiben von beiden Seiten etwa 2 bis 3 Minuten darin braten. Die Medaillons mit Salz und Pfeffer würzen, herausnehmen und beiseite stellen.

2 Die Tomaten waschen, vom Stielansatz befreien und in Scheiben schneiden. Das Basilikum waschen, trockenschütteln und die Blättchen von den Stielen abzupfen. Den Mozzarella abtropfen lassen und in Scheiben schneiden. Die Schweinemedaillons auf ein Backblech setzen und mit den Tomatenscheiben belegen. Mit Salz und Pfeffer würzen und mit dem Oregano bestreuen.

3 2/3 der Basilikumblätter darauf verteilen und mit dem Mozzarella belegen. Die Medaillons auf der mittleren Schiene des vorgeheizten Backofens bei 220 °C etwa 5 bis 7 Minuten überbacken. Das Baguette in Scheiben schneiden, anschließend toasten oder rösten und die Medaillons darauf anrichten. Mit dem restlichen Basilikum garnieren und servieren.

ZUTATEN FÜR 6 PERSONEN

2 ganze Schweinefilets
(à ca. 200 g)
3 EL Öl
Salz
Pfeffer
5–6 Tomaten
3 Bund Basilikum
300 g Mozzarella
1 TL getrockneter Oregano
1 Baguette

Zubereitungszeit ca. 30 Min.
Pro Portion ca. 252 kcal / 1056 kJ
E 20 g, F 17 g, KH 5 g

Himmlische Desserts und Cocktails

Traumcreme „Dreierlei“

1 Die Gelatine in kaltem Wasser einweichen. Die Vanilleschote aufschlitzen und das Mark herausschaben. Die Vanilleschote und das Mark in die Milch geben, unter Rühren aufkochen lassen, beiseite stellen und ziehen lassen. Inzwischen das Ei mit dem Eigelb und dem Zucker in einer Schüssel glatt rühren und über einem heißen Wasserbad dickschaumig aufschlagen. Die Vanilleschote aus der Milch nehmen. Die Vanillemilch unter die Ei-Zucker-Mischung schlagen, aber nicht kochen lassen.

2 Die Gelatine ausdrücken, unter Rühren hinzufügen und auflösen. Die Creme teilen und eine Hälfte der Creme mit dem Espressopulver verrühren. Beide Cremes in Eiswasser kalt rühren. Die Sahne steif schlagen und 3 Esslöffel beiseite stellen.

3 Sobald die Cremes zu gelieren beginnen, jeweils die Hälfte der Sahne darunter ziehen. Vanille- und Espressocreme und den Nusskrokant in Gläser einschichten. Mit der restlichen Sahne verzieren. Je eine Schokoladenborke auf die Sahne legen und bis zum Verzehr kalt stellen.

ZUTATEN FÜR 6 PERSONEN

3 Blatt Gelatine
1/2 Vanilleschote
1/4 l Vollmilch
1 Ei
3 Eigelbe
2 EL Zucker
3 EL Espressopulver (Instant)
300 ml süße Sahne
150 g Nusskrokant
6 Stücke Schokoladenborke

Zubereitungszeit ca. 35 Min.
Pro Portion ca. 413 kcal / 1735 kJ
E 8 g, F 26 g, KH 37 g

Bananen „Copacabana"

ZUTATEN FÜR 6 PERSONEN

2 EL Zucker
2 TL weißer Rum
3 Bananen
2 TL Kakaopulver
1 TL Puderzucker
50 g Zartbitter-Schokolade
300 ml Vanilleeis
Zum Garnieren:
6 frische Blüten

Zubereitungszeit ca. 20 Min.
Pro Portion ca. 197 kcal / 826 kJ
E 4 g, F 8 g, KH 27 g

1 4 Esslöffel Wasser mit dem Zucker aufkochen, unter Rühren kochen lassen, bis sich der Zucker aufgelöst hat. Den Topf vom Herd nehmen und den Rum hineinrühren. Die Bananen schälen, zu dem Sirup hinzufügen und etwa 1 Minute darin ziehen lassen.

2 6 Teller mit 1 Teelöffel Kakao und mit dem Puderzucker bestäuben. Die Bananen herausnehmen, in etwa 1 cm dicke Scheiben schneiden und dekorativ auf den Tellern anrichten. Die Schokolade grob zerbröckeln und in dem Sirup auflösen, eventuell den Sirup dafür wieder etwas erwärmen. Das restliche Kakaopulver darunter rühren, beiseite stellen und warm halten.

3 Das Vanilleeis portionieren und zu den Bananen auf die Teller geben. Die Bananen und die Eiscreme mit der Schokoladensauce dekorativ übergießen. Vor dem Servieren auf jeden Teller eine frische Blüte legen.

Heimliche Liebe

1 Die Erdbeeren antauen lassen. Das Vollkornbrot zerbröseln und in eine Schüssel geben. Den Rum hinzugeben, mit dem Brot vermischen und etwa 5 Minuten ziehen lassen. Inzwischen die Schokolade klein hacken und mit den Mandeln und Haselnüssen vermischen.

2 Den Quark mit dem Zucker und der Sahne glatt verrühren, so viel Milch darunter rühren, dass er schön cremig wird. 1/3 der Quarkmasse in eine Glasschüssel geben. Die angetauten Erdbeeren klein schneiden. Die Hälfte der Erdbeeren darauf verteilen, darüber die Hälfte der Brot-Mischung und die Hälfte der Schokoladen-Mandel-Mischung verteilen.

3 Diese Schichtung wiederholen, dabei je etwa 3 Esslöffel von den Erdbeeren, der Brot- und der Schokoladen-Mandel-Mischung beiseite stellen. Die letzte Schicht bildet Quark. Alles mit den restlichen Erdbeeren, der Brot-, der Schokoladen-Mischung und den Schokoladentäfelchen garnieren und servieren.

ZUTATEN FÜR 6 PERSONEN

200 g Tk-Erdbeeren
200 g Roggenvollkornbrot
4–5 EL Rum
100 g Zartbitter-Schokolade
50 g gemahlene Mandeln
50 g gemahlene Haselnüsse
500 g Speisequark (20 % Fett)
100 g Zucker
100 ml süße Sahne
ca. 150 ml Milch
36 Täfelchen Zartbitter-Schokolade

Zubereitungszeit ca. 20 Min.
Pro Portion ca. 460 kcal / 1932 kJ
E 19 g, F 21 g, KH 47 g

Geeistes Minzparfait

ZUTATEN FÜR 6 PERSONEN

1/2 Bund Pfefferminze
120 g Zucker
3 Eier
1 Eigelb
400 ml süße Sahne
Klarsichtfolie
Zum Garnieren:
12 Schoko-Minztäfelchen

Zubereitungszeit ca. 25 Min.
(plus ca. 1 Std. Gefrierzeit)
Pro Portion ca. 365 kcal / 1533 kJ
E 7 g, F 27 g, KH 26 g

1 Für den Pfefferminzsirup die Pfefferminze waschen und trockenschütteln. Die Blättchen von den Stielen zupfen und fein hacken, einige Blättchen zum Garnieren beiseite legen. 4 Esslöffel Wasser und 2 Esslöffel Zucker zum Sirup kochen und die fein gehackte Pfefferminze etwa 5 Minuten darin ziehen lassen.

2 Inzwischen die ganzen Eier, das Eigelb und den restlichen Zucker im Wasserbad dickschaumig schlagen, aber nicht kochen lassen. Anschließend die Eischaummasse in Eiswasser kalt schlagen. Die Sahne steif schlagen. Den selbst hergestellten Pfefferminzsirup durch ein feines Sieb gießen. Die geschlagene Sahne mit dem Pfefferminzsirup verrühren, zur Eigelbmasse hinzufügen und sorgfältig darunter mischen.

3 Die Parfaitmasse in eine mit Klarsichtfolie ausgelegte Kastenform füllen, abdecken und im Tiefkühlfach etwa 1 Stunde gefrieren lassen. Zum Servieren in Scheiben schneiden und mit Schoko-Minztäfelchen und den restlichen Pfefferminzblättchen garnieren.

Creme „Batida de Coco“

1 Die Kipferl klein krümeln, den Likör darüber träufeln und beiseite stellen. Von der Milch etwa 3 Esslöffel abnehmen und das Puddingpulver damit anrühren. Die restliche Milch mit dem Zucker aufkochen und das Puddingpulver einrühren.

2 Alles einmal aufkochen lassen und die Creme sofort in eine große Auflaufform geben. Die Ananasstücke in einem Sieb abtropfen lassen. Den Mascarpone mit dem Vanillinzucker glatt verrühren. Die Kipferlkrümel-Mischung gleichmäßig auf dem Pudding verteilen.

3 Den Mascarpone darüber streichen. Die Ananasstücke darüber verteilen. Die Sahne steif schlagen und wolkig in der Form verteilen. Die Koskosraspel in einer Pfanne ohne Fett goldbraun rösten. Etwa 1 Minute abkühlen lassen, die Creme damit bestreuen und servieren.

ZUTATEN FÜR 6 PERSONEN

200 g Vanille-Kipferl
3 EL Kokosnusslikör, 500 ml Milch
1 Pk. Mandel-Puddingpulver
3 EL Zucker
400 ml Ananasstücke (a. d. Dose)
250 g Mascarpone
1 Pk. Vanillinzucker
200 ml süße Sahne (30 % Fett)
Zum Garnieren:
4 EL Kokosraspel

Zubereitungszeit ca. 30 Min.
Pro Portion ca. 583 kcal / 2450 kJ
E 8 g, F 39 g, KH 46 g

Hippenschälchen mit Asiafrüchten

ZUTATEN FÜR 30 STÜCK

150 g Butter
150 g Zucker
1 Prise Salz
3 Eier
300 g Mehl (Type 405)
ca. 10 EL Milch
2 TL Jasminteeblätter
3 EL Honig
4 EL Reiswein oder Sherry
4 Kiwis
3 Karambolen
1 Orange
2 EL Mandelblättchen
250 ml süße Sahne
50 g Joghurt
Backpapier

1 Die Butter mit dem Zucker, dem Salz und den Eiern sehr schaumig rühren. Nach und nach das Mehl und die Milch darunter rühren. Den Teig zugedeckt 20 Minuten quellen lassen. Inzwischen 200 ml Wasser mit dem Jasmintee, dem Honig und dem Reiswein oder Sherry aufkochen und 2 Minuten kochen lassen, vom Herd nehmen und den Sirup abkühlen lassen. Das Obst putzen, eventuell schälen und in Stücke oder Scheiben schneiden oder die Filets auslösen. Die vorbereiteten Früchte miteinander vermischen, den Teesirup durch ein Sieb zu den Früchten hinzugeben, beiseite stellen.

2 Den Teig zu sehr dünnen, runden Plätzchen (ca. 10 cm) auf einem mit Backpapier ausgelegtem Backblech backen. Vorsicht der Teig läuft beim Backen etwas auseinander. Im Backofen bei 200 °C etwa 8 Minuten goldgelb backen lassen. Herausnehmen und sofort zum Formen in Kaffeetassen legen.

3 Die Mandelblättchen in einer Pfanne ohne Fett goldbraun rösten. Die Sahne steif schlagen und mit dem Joghurt verrühren. In die Hippenschälchen füllen und den Obstsalat darüber verteilen. Mit den gerösteten Mandelblättchen bestreut servieren.

Zubereitungszeit ca. 20 Min.
(plus ca. 8 Min. Backzeit)
Pro Stück ca. 148 kcal / 623 kJ
E 2 g, F 8 g, KH 16 g

Südseetraum

ZUTATEN FÜR 8 STÜCK

100 g Mehl (Type 405)
2 EL Kokosflocken
40 g Zucker
50 g kalte Butter
1 Eigelb
Mehl zum Ausrollen (Type 405)
Fett für die Förmchen
2 Blatt weiße Gelatine
1 Karambole, 1/2 Babyananas
1/2 Mango, 2 Bananen
3 EL Amarena-Kirschen (a. d. Glas)
2 EL Zitronensaft
125 ml Orangensaft
75 g Mascarpone
1 EL Puderzucker
1 TL Zitronensaft
50 ml süße Sahne
grüne Kürbiskerne

Zubereitungszeit ca. 25 Min.
(plus ca. 1 Std. Kühlzeit und
ca. 12 Min. Backzeit)
Pro Stück ca. 229 kcal / 960 kJ
E 4 g, F 3 g, KH 29 g

1 Den Backofen auf 200 °C vorheizen. Das Mehl mit den Kokosflocken, dem Zucker, der Butter und dem Eigelb zu einem glatten Teig verkneten. Die Torteletteförmchen einfetten. Den Teig auf etwas Mehl ausrollen und die Förmchen damit auslegen, die Ränder hochziehen. Teigböden mehrfach mit der Gabel einstechen. Im Backofen bei 175 °C etwa 10 bis 12 Minuten goldgelb backen. Herausnehmen und stürzen.

2 Inzwischen die Gelatine in kaltem Wasser einweichen. Das Obst putzen, waschen und klein schneiden. Die abgetropften Amarena-Kirschen und den Zitronensaft hinzugeben und damit vermischen. Das Obst in die Törtchen verteilen. Den Orangensaft erhitzen und die Gelatine darin auflösen.

3 Den Guss über das Obst träufeln und fest werden lassen. Zum Servieren den Mascarpone mit dem Puderzucker, dem Zitronensaft und der Sahne verrühren. Die Törtchen damit garnieren und mit den Kürbiskernen bestreut servieren.

Bretonische Apfelkrapfen

1 In einer Schüssel das Mehl mit dem Ei und dem Salz vermischen, nach und nach mit dem Cidre zu einem Teig verrühren. So viel Cidre unterrühren, dass ein dickflüssiger Teig entsteht, 1 Stunde kalt stellen.

2 Die Äpfel schälen, das Kerngehäuse ausstechen und die Äpfel in dicke Ringe schneiden, mit dem Zitronensaft vermischen. Das Eiweiß sehr steif schlagen und unter den Teig heben. Das Öl zum Frittieren erhitzen.

3 Nach und nach die Apfelscheiben durch den Teig ziehen, so dass sie von allen Seiten bedeckt sind, und von beiden Seiten goldgelb frittieren. Apfelkrapfen herausnehmen und auf Küchenpapier abtropfen lassen. Mit Puderzucker bestäuben und servieren, sie schmecken am besten noch leicht warm.

ZUTATEN FÜR 16 STÜCK

150 g Mehl (Type 405)
1 Ei
Salz
75–100 ml Cidre
4 große, säuerliche Äpfel
2 EL Zitronensaft
2 Eiweiß
Öl zum Frittieren
Puderzucker

Zubereitungszeit ca. 15 Min.
(plus ca. 1 Std. Quellzeit und ca. 10 Min. Frittierzeit)
Pro Stück ca. 87 kcal / 365 kJ
E 2 g, F 4 g, KH 11 g

Roquefort-Birnen in Filoteig

ZUTATEN FÜR 6 PERSONEN

1/2 Zitrone
3 Birnen
150 g Butter
6 große Blätter Filoteig (gibt's z.B. in griechischen und türkischen Lebensmittelläden)
300 g Edelpilzkäse (z.B. Roquefort)
3 EL gestiftete Mandeln
300 g Preiselbeerkonfitüre

Zubereitungszeit ca. 20 Min.
Pro Portion ca. 611 kcal / 2566 kJ
E 12 g, F 43 g, KH 45 g

1 Den Backofen auf 180 °C vorheizen. Die Zitrone auspressen. Die Birnen waschen, schälen, halbieren, entkernen und in dünne Spalten schneiden. Die Birnenspalten mit dem Zitronensaft beträufeln. Die Butter in einem Töpfchen zerlassen. 1 Teigblatt ausbreiten und das Teigblatt dritteln. Anschließend jedes Teigdrittel mit etwas zerlassener Butter bestreichen. (Die restlichen Teigblätter inzwischen so lange mit einem feuchten Küchentuch bedecken.)

2 Den Käse in 18 gleich große Portionen schneiden. Je 1 Käseportion auf eine Teigplatte legen. Jeweils einige Birnenspalten gleichmäßig darauf verteilen und mit einigen Mandeln bestreuen. Die Teigplatte fest zu einem dichten Päckchen verschließen und mit der Naht nach unten in eine feuerfeste Form setzen. Nacheinander die restlichen Teigblätter ebenso füllen und zu Päckchen verarbeiten. Die restlichen Teigblätter dabei immer mit dem Küchentuch abgedeckt lassen, damit sie nicht austrocknen. Die Teigpäckchen mit der restlichen Butter bestreichen und mit den restlichen Mandeln bestreuen.

3 Die Käse-Päckchen im vorgeheizten Backofen auf der mittleren Schiene etwa 15 Minuten goldgelb backen. Inzwischen die Preiselbeerkonfitüre vorsichtig erhitzen und unter Rühren auflösen. Die Käse-Päckchen mit der heißen oder lauwarmen Preiselbeersauce servieren. Die Päckchen schmecken heiß oder lauwarm am besten.

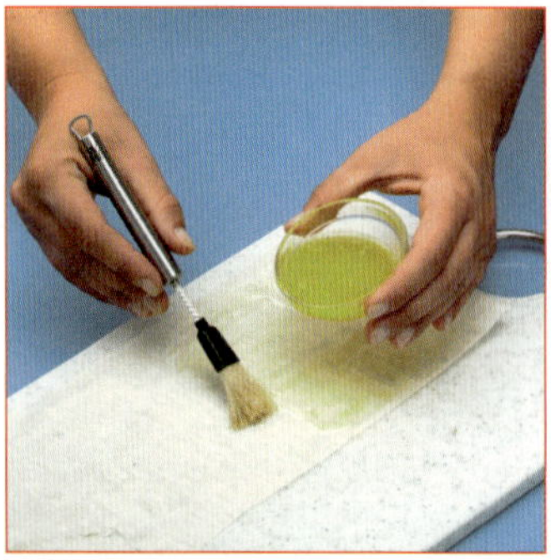

Mangocreme

ZUTATEN FÜR 6 PERSONEN

6 Blatt weiße Gelatine
1 reife Mango
250 ml trockener Sekt oder leichter Weißwein
80 g Zucker
2–3 EL Zitronensaft
250 ml süße Sahne (30 % Fett)
Zum Garnieren:
1–2 Zweige Zitronenmelisse

Zubereitungszeit ca. 20 Min.
Pro Portion ca. 228 kcal / 958 kJ
E 2 g, F 13 g, KH 20 g

1 Die Gelatine nach Packungsanweisung in kaltem Wasser einweichen. Die Mango waschen, schälen und das Fruchtfleisch vom Kern schneiden. Das Fruchtfleisch pürieren und mit dem Sekt oder dem Wein und dem Zucker vermischen, der Zucker soll sich dabei auflösen. Das Püree mit Zitronensaft abschmecken.

2 Von dem Püree etwa 6 Esslöffel zum Garnieren abnehmen und kalt stellen. Die Gelatine nach Packungsanweisung auflösen, unter das restliche Püree rühren und kalt stellen. Vorsicht, das Püree geliert schnell. Inzwischen die Sahne steif schlagen. Sobald das Püree fest zu werden beginnt, die Sahne darunter heben und die Masse im Kühlschrank fest werden lassen.

3 Die Zitronenmelisse waschen, trockenschütteln und die Spitzen oder die Blättchen abzupfen. Mit einem in heißes Wasser getauchten Esslöffel von der Mangocreme Nocken abstechen und diese mit dem restlichen Püree und etwas Zitronenmelisse auf 6 Tellern anrichten und servieren.

Cappuccino-Creme

1 Den Mascarpone in eine große Schüssel geben. Den Vollmilch-Joghurt hinzufügen und beides glatt verrühren. Den Zucker ebenfalls hinzufügen, darunter rühren und so lange weiter rühren, bis sich der Zucker aufgelöst hat.

2 Die Sahne mit den Quirlen des Handrührgerätes etwa 30 Sekunden schlagen. Das Cappuccinopulver hinzufügen und auf niedriger Stufe darunter rühren. Das Cappuccinopulver muss sich dabei auflösen. Auf höchster Stufe so lange weiter schlagen, bis die Sahne steif ist.

3 Die Cappuccino-Sahne zur Mascarpone-Joghurt-Mischung hinzugeben und mit dem Schneebesen locker darunter heben. Alles in 6 Portionsschalen verteilen und erst kurz vor dem Servieren mit dem Knuspermüsli bestreuen.

ZUTATEN FÜR 6 PERSONEN

300 g Mascarpone
225 g Vollmilch-Joghurt
80 g Zucker
300 ml süße Sahne
4 geh. EL Cappuccinopulver (Instant)
Zum Garnieren:
3 EL Knuspermüsli

Zubereitungszeit ca. 15 Min.
Pro Portion ca. 432 kcal / 1814 kJ
E 6 g, F 34 g, KH 26 g

Lady's Beer

ZUTATEN FÜR 6 PERSONEN

1/2 Zitrone
2 EL Zucker
6 cl Rum
350 ml süße Sahne
6 cl Kirschsaft
250 ml kaltes Bockbier
Zum Garnieren:
6 Kirschen mit Stiel

Zubereitungszeit ca. 15 Min.
Pro Portion ca. 343 kcal / 1442 kJ
E 3 g, F 18 g, KH 18 g

1 Die Zitrone vierteln. Den Zucker in eine weite flache Schale geben. Den Rand der Cocktailgläser in einem Zitronenviertel drehen und in den Zucker tauchen. Herausnehmen, etwa 2 Minuten antrocknen lassen und die Gläser in den Kühlschrank stellen.

2 Die Kirschen waschen und trockenreiben, den Stiel dabei nicht entfernen. Den Rum mit der süßen Sahne und dem Kirschsaft in einen hohen Becher geben und mit dem Handrührgerät schaumig mixen.

3 Die Gläser aus dem Kühlschank nehmen und diese Mischung darin verteilen. Alles langsam mit dem kalten Bockbier aufgießen. Vorsichtig umrühren, jeweils 1 Kirsche an den Rand setzen und den Cocktail sofort servieren.

Virgin Mary

1 Den Staudensellerie putzen, waschen und abtrocknen. Anschließend mit einem Sparschäler die Fäden von den Stangen entfernen. Jede Stange in 4 gleich lange Stücke schneiden, so dass 12 Selleriestücke entstehen. Die Stücke beiseite legen.

2 Den Tomatensaft mit dem Sangrita mixen. Die Zitrone heiß abwaschen, trockenreiben und etwa 1/2 Teelöffel von der Schale abreiben. Die Zitrone auspressen. Etwa 6 Teelöffel Zitronensaft abmessen und mit der Zitronenschale zur Saftmischung hinzufügen. Gut durchrühren und mit dem Tabasco, Salz und der Worcestershiresauce pikant abschmecken.

3 Die Eiswürfel in ein sauberes Geschirrtuch geben, mit einem schweren Gegenstand zerstoßen und in 6 Longdrinkgläser verteilen. Die Saft-Gewürz-Mischung darüber gießen. Etwas Pfeffer frisch darüber mahlen. Zum Servieren jeweils 2 Stücke Selleriestange als Löffel hineinstellen.

ZUTATEN FÜR 6 PERSONEN

3 Stangen Staudensellerie
300 ml Tomatensaft
300 ml Sangrita Pikante
1 unbehandelte Zitrone
3–6 Spritzer Tabasco
Selleriesalz
3 TL Worcestershiresauce
12 Eiswürfel
schwarzer Pfeffer aus der Mühle

Zubereitungszeit ca. 20 Min.
Pro Portion ca. 36 kcal / 151 kJ
E 2 g, F 1 g, KH 6 g

Hexen-Bowle

1 6 Longdrinkgläser in den Kühlschrank stellen. Zum Garnieren die Ananas waschen, abtrocknen und die Blätter vorsichtig ablösen. Die Ananas in Scheiben schneiden, den holzigen Kern entfernen und die Scheiben dritteln. Je 1 Ananasstück mit je 1 roten und 1 grünen Cocktailkirsche sowie einigen Ananasblättern auf 1 Holzstäbchen stecken und beiseite legen.

2 Die Zitronen auspressen. Die Gläser aus dem Kühlschrank nehmen und je 1 rote Cocktailkirsche in das Glas geben. Den Zitronensaft mit den anderen Säften vermischen und das Saftgemisch in 6 Longdrinkgläser füllen.

3 Pro Glas 1 Esslöffel Curaçao-blue-Sirup an einem Esslöffelstiel langsam durch den Saft in das Glas laufen lassen. Das Getränk färbt sich dabei: Unten bekommt es eine grüne Farbe. Die Obst-Spießchen zum Servieren quer über die Gläser legen.

* Wenn Sie dieses Getränk in Sektkelche füllen, reicht es für 8 Personen und kann als Aperitif serviert werden. Sie können das Getränk auch mit Curaçao-blue-Likör herstellen. Die Färbung ist gleich, allerdings ist es dann nicht mehr alkoholfrei.

ZUTATEN FÜR 6 PERSONEN

2 Zitronen
750 ml Orangensaft
400 ml Ananassaft
6 EL Curaçao-blue-Sirup

Zum Garnieren:
1 kleine Ananas
12 rote Cocktailkirschen
6 grüne Cocktailkirschen

6 Holzstäbchen

Zubereitungszeit ca. 20 Min.
Pro Portion ca. 340 kcal / 1428 kJ
E 2 g, F 1 g, KH 74 g

Rezeptverzeichnis